汉语国际教育本科专业课程系列教材

DUIWAI HANYU
JIAOXUE FAZHANSHI
SHANGBIAN

对外汉语教学发展史

上编

吕必松 ©著

北京语言大学出版社
BEIJING LANGUAGE AND CULTURE
UNIVERSITY PRESS

© 2017 北京语言大学出版社,社图号 17335

图书在版编目(CIP)数据

对外汉语教学发展史. 上编/吕必松著. —北京：
北京语言大学出版社，2017.12
汉语国际教育本科专业课程系列教材
ISBN 978-7-5619-5144-6

Ⅰ.①对… Ⅱ.①吕… Ⅲ.①对外汉语教学－教育史
－中国－高等学校－教材 Ⅳ.①H195.4

中国版本图书馆 CIP 数据核字(2017)第 298452 号

对外汉语教学发展史·上编
DUIWAI HANYU JIAOXUE FAZHANSHI·SHANGBIAN

排版制作：	华伦图文制作中心
责任印制：	周 燚

出版发行：	北京语言大学出版社
社　　址：	北京市海淀区学院路 15 号,100083
网　　址：	www.blcup.com
电子信箱：	service@blcup.com
电　　话：	编辑部　8610－82301016
	发行部　8610－82303650/3591/3648
	北语书店　8610－82303653
	网购咨询　8610－82303908
印　　刷：	北京中科印刷有限公司
版　　次：	2017 年 12 月第 1 版　印　次：2017 年 12 月第 1 次印刷
开　　本：	787 毫米×1092 毫米 1/16　印　张：11
字　　数：	158 千字
定　　价：	36.00 元

PRINTED IN CHINA

出版说明

本书是"汉语国际教育本科专业课程系列教材"中的一种。

本书从事业发展、教学法发展和学科理论发展三个方面,叙述了我国初期对外汉语教学 40 年(1950 年至 1990 年)的历程。本书曾长期作为对外汉语教师资格考试的指定教材,滋养了一代代汉语教师。

本书作者吕必松教授,自 20 世纪 60 年代初作为出国储备师资参加对外汉语教学工作,曾经担任被称为国内对外汉语教学大本营的北京语言学院院长、国家汉办第一任主任(1987 年起)、中国对外汉语教学学会会长、世界汉语教学学会会长、《世界汉语教学》杂志主编。作为对外汉语教学事业的参与者、领军者和领导者,他亲身参与了多项教学试验、教材编写、项目主持、理论探讨,领导了教学管理机构、学术组织机构和主要学术刊物的创立和建设。他是对外汉语教学学科建设的第一位倡导者和领导者;他提出学科建设的任务、教学总体设计的理论、四大教学环节的理论,有效指导了 20 世纪后 30 年对外汉语教学的学科建设;他倡导的汉语水平考试、跨文化交际研究、第二语言习得研究、跨学科研究等,至今仍影响着对外汉语教学的学科建设和事业发展。正如吕必松教授(2006)所说:"对笔者来说,这 30 多年中发生的事,基本上是眼前的事,又多半是自己亲自参与的事"。因此本书对这段历史的记载,具有不可替代的学术价值。

特别值得说明的是,吕必松教授作为亲历者和领导者,对诸多历史问题的远见卓识,至今仍有重要的启发,如对对外汉语教学基本原则的论述,对对外汉语教学系统的论述,对对外汉语教学法形成过程的论述,对若干教学试验的认识,对若干教材、著述优缺点的评价,等等。

　　了解历史,是为了理解现实。所谓"知古不知今,谓之陆沉(迂腐);知今不知古,谓之盲瞽(无知或不明事理)"。本书可以帮助我们梳理和厘清中国对外汉语教学发展的大致脉络、事实;了解对外汉语教学事业初期,先驱们如何筚路蓝缕,艰苦奋斗,开创了对外汉语教学事业和各项建设;了解对外汉语教学的教学思路、主要教学原则的提出和发展;了解对外汉语教学模式、课程、教材及其编写研究的发展;了解对外汉语教学重大研究成果的形成过程,学术团体和管理机构、机制的形成过程,等等。这对于我们知晓、理解今天对外汉语教学的教学理念和教学模式、教材内容和体例、汉语测试的实施和研究、学科建设的思路和途径、管理机构和方式,从不同方面吸取历史的经验、教训,建立对对外汉语教学的宏观认识,激发对本学科传承和发展的使命感和责任感,都大有裨益。

　　作者曾担心"对自己熟悉的部分写得较多,对不熟悉的部分写得较少"。在今天看来,未必是缺点,因为作者无疑抓住了这段历史的"灵魂"。但是这也确实会对了解这段历史的全貌有所局限,因此建议教师在使用本书作为教材时,注意参考其他著述中的阐述,自己或鼓励学生搜集、补充一些相关的著作、教材、报道、图片等。这不但有助于更全面地了解这段历史,也可以让这段历史更加生动、具体,提高学生的学习兴趣和相关能力。

"汉语国际教育本科专业课程系列教材"专家委员会
2017.11

序

不回忆历史,就看不清楚今天。

追溯对外汉语教学的历史,需要联系汉外对译的情况来看。《周礼》和《礼记》里提到了通译情况。时代最早的对译材料——以汉语跟以汉字记外语的音对照——还有保存下来的,见于刘向《说苑》和班固《汉书》。这都是距今两千多年的事例了。

从那时起,直到20世纪前半期,对外汉语教学的情况如果参照东洋、西洋的"汉学"发展史来看,汉语教学不论对内对外,一律是以古汉语、文言文为中心,首先重视中国古代文献的阅读,也训练文言文的写作和古风律诗的吟咏。东方国家来华学习的,像日本的遍照金刚《文镜秘府论》《文笔眼心抄》,朝鲜的崔致远《桂苑笔耕集》,其文采与学问,即使在中国人里面也是难得的。从西洋的耶稣会士利玛窦留下《西字奇迹》四篇文言文作品、艾儒略写的《大西利先生行述》、金尼阁的专著《西儒耳目资》,可以看出他们对于文言文所下的功夫很深。一般的传教士尚且如此,汉学家的水平可以想见。就是到了20世纪中期,这种对外汉语教学也并不重视口语而是提倡"之乎者也"的背诵。郭沫若《洪波曲》[①]记苏联汉学家问他:"胡适之先生无恙乎?"不足为奇。

第二次世界大战之前,许多有识之士反对这种旧式教学。突出的代表人物之一便是赵元任。他在20世纪二三十年代就极力提倡口语,积极到这种程度,以至于他所写的文章照念出来就是彻底而又纯粹的口语。

---

① 郭沫若.洪波曲.北京:人民文学出版社,1979.

当时他为刘复译的法国 Paul Passy（帕西）《比较语音学纲要》所作的序，就是一篇代表作。后来赵元任去到美国，为美国训练培养汉语人才，做法就是完全从现代汉语口语基础入手，这在当时是一件划时代的事，影响极大。

16世纪末年，利玛窦来到中国，他学习汉语之勤奋与艰苦是有记载的。代代相传，外国人到了中国，想学说中国人民大众活生生的语言，明知不能依靠正襟危坐、满口"之乎者也"的秀才老师，只好另外找普通老百姓，最方便的是自己请的男女仆人，教外国人学说基础汉语会话若干句。这样模仿式地学说口语，其效果如何，可以想见。因此到了20世纪中期，赵元任以著名的语言学家的身份来担任汉语教学工作，又带动了一批人来做，这是一件具有历史意义的事。对外汉语教学的根本性改变，就由这里正式开始，收效显著，受到欢迎。

第二次世界大战前后，由于军事、政治、经济等各方面因素的刺激，推动了外国人注意学习现代汉语口语。新中国成立后，不论是中国方面，还是外国方面，都认识到过去千百年来那种以古汉语、文言文为中心，重视中国古代文献的阅读，训练文言文写作的老一套方向、方式、方法，实在是再也不能继续下去的了。大势所趋，水到渠成，国内国外不约而同地扭转汉语教学大方向，一起走我们今天所走的汉语教学的新路。

要走新路，这可不是一件轻而易举的事。两千多年以来的惯性推着旧的继续滑行，惰性使有的人不愿改变。所谓积重难返，也就在于此。即使旧的东西大势已去，土崩瓦解，但百足之虫，死而不僵，咱们谁也不敢说1990年的对外汉语教学完全去旧立新了。

可喜的是，新中国的对外汉语教学走上新路这40年，不断艰苦奋斗，新的方向和新的路子已经巩固住了，而且苟日新，日日新，又日新。这可真是很不简单的事。我之所以叙述半个世纪以前的旧路，也就是为吕必松同志这本专著作反衬，使读者明确认识到新的大方向得来不易，能够站住脚跟也不易，奋勇向前更加不易。

以下的情况,就是吕必松同志这本《对外汉语教学发展概要》和他另一篇《中国对外汉语教学40年》所详细叙述的了。

由于吕必松同志是这个伟大转折时期的参加者之一,30年来这项重要工作的骨干力量和领导人之一,而且数十年来,一向深思熟虑,苦心钻研问题。他主持过对外汉语教学的大局,因此眼光看得宽阔,看得长远,自有真知灼见。资料掌握得较多而且全面,各个时期发展的线索脉络他都清楚,叙述起来头头是道,评定又有分寸。这些,就用不着我多说了。

我拜读了上述吕必松同志两部专著,也看了他近年以来写的《关于对外汉语教师业务素质的几个问题》[1]《中国对外汉语教学法的发展》[2]《关于教学内容与教学方法问题的思考》[3]等文章。一方面敬重他的年富力强,正是丰收季节,奋发大有所为;另一方面也佩服他能驾驭全局,举重若轻。所以我觉得这些论著,比他1987年结集发表的《对外汉语教学探索》[4]更上一层楼。

吕必松同志关于中国对外汉语教学这40年来发展概况的述评及理论性的深入探讨,使我们看到,自从新中国成立,大力扭转了对外汉语教学的大方向,40年来,上则领导有方,下则群策群力,对外汉语教学已经成为国家和民族的事业之一。也被公认为新的专门学科之一。时代的飞跃发展和国际交流活动增多,促使对外汉语教学要加紧探索新的教学路子,要加强理论研究。吕必松同志的这些论述,既是40年的总结,又是将来工作的努力方向,这本专著的重要意义就在于此。

张清常
1990年5月

---

[1] 吕必松.关于对外汉语教师业务素质的几个问题——一个亟待解决的问题[A].对外汉语教学研究[C].北京:北京语言学院出版社,1993.

[2] 吕必松.中国对外汉语教学法的发展[J].世界汉语教学,1989(4).

[3] 吕必松.关于教学内容与教学方法问题的思考[J].语言教学与研究,1990(2).

[4] 吕必松.对外汉语教学探索.北京:华语教学出版社,1987.

目 录

引 言 …………………………………………………………… 1

第一章　对外汉语教学事业的发展 …………………………… 3
　第一节　初创阶段:50年代初到60年代初 ………………… 3
　第二节　巩固和发展阶段:60年代初期到60年代中期 …… 6
　第三节　恢复阶段:70年代初期到70年代后期 …………… 9
　第四节　蓬勃发展的阶段:70年代末以来 ………………… 11

第二章　对外汉语教学法的发展 ……………………………… 27
　第一节　初创阶段:50年代初到60年代初 ………………… 29
　第二节　改进阶段:60年代初到70年代初 ………………… 37
　第三节　探索阶段:70年代初到80年代初 ………………… 43
　第四节　改革阶段:80年代初以来 ………………………… 59

第三章　对外汉语教学学科理论的发展 ……………………… 104
　第一节　关于教学理论的研究 ……………………………… 108
　第二节　关于基础理论的研究 ……………………………… 139

后　记 ………………………………………………………… 160
参考文献 ……………………………………………………… 163

引 言

　　语言文字不但是人类最重要的交际工具,而且是历史、文化和信息的主要载体。随着社会的发展和科学技术的进步,在不同民族、地区和国家之间,文化和信息的交流更加广泛,各个领域、各种渠道的联系与交往日益密切,经济上互相依存和共同发展的趋势也渐趋明显。语言文字也是在不同的民族、地区和国家之间,交流文化和信息、沟通联系与交往、促进相互依存和共同发展的工具。因此,各个国家和民族都要根据自己的需要学习其他国家和民族的语言文字,同时向其他国家和民族传播自己的语言文字,以增强本国、本民族对其他国家和民族的吸引力。人类社会越发展,越能显示出这种学习和传播的重要性。许多国家早就十分重视向世界推广本族语的工作,有些国家把这项工作列为国策,并在语言政策、教育政策和外交政策中加以体现。它们的国家元首、政府首脑和驻外使节都主动关心、亲自过问推广本族语的工作,把它作为外事活动的一项重要内容。它们除了大量招收外国留学生之外,还在国外设立专门的官方和民间机构,组成推广本族语的国际网络。政府拨出巨款,资助师资培养、教材建设和这一领域的科学研究,并通过派遣教师、提供教材和教学设备等方式对国外的教学点进行无偿援助。这一切努力的结果,使它们的语言在世界上得到了不同程度的推广,同时把以语言为载体的有关国家和民族的科学、文化传播到世界各地,从而使人们对这些国家和民族更加了解,也使许多人在不同程度上对这些国家和它们的人民产生了亲近感。

　　我们中华民族悠久的历史和光辉灿烂的文化早已为世界各国所景

仰。为了学习中国的语言文字,并通过语言文字来学习中国的文化、科学和技术,许多国家早就向中国派遣留学生。

据历史记载,早在东汉时期,就有一些国家向中国派遣留学生。"东汉明帝在永平九年(公元66年)专为功臣樊氏、郭氏、阴氏、马氏的子弟设立学校,称为'四姓侯学'。这种贵族学校所聘教授人选,有时竟有超过当时的太学的,因之名声日彰,传至国外,引起外人的羡慕,遂有'匈奴遣子入学'之举。"(付克,1986)中国古代接收留学生的鼎盛时期大概要算唐代。"唐代自贞观至开元年间(公元627—714年),国力强盛,教育发达,各国派遣子弟来中国留学的日益增多。"(同上)

中国古代怎样对留学生进行汉语教学,现在看不到具体记载。这可能是因为当时对外国人的汉语教学还没有形成一项专门的事业和专门的学问。实际上,就是到了近代,甚至新中国成立之前的现代,对外国人的汉语教学也没有形成一项专门的事业和一种专门的学问。

中国把对外国人的汉语教学作为一项专门的事业,是在新中国成立之后,从1950年开始的。将近40年来,随着这项事业的发展,人们在教学上不断地进行探索和创新,并且围绕教学中提出的问题,积极开展科学研究,使对外汉语教学逐渐形成为中国整个语言教学中一个重要的分支学科。下面从三个方面回顾1950年以来中国对外汉语教学所走过的道路:一、对外汉语教学事业的发展;二、对外汉语教学法的发展;三、对外汉语教学学科理论的发展。

第一章 对外汉语教学事业的发展

从 1950 年到现在,中国对外汉语教学已走过将近 40 年的历程。这 40 年的历史可以分为四个发展阶段。

第一节 初创阶段:50 年代初到 60 年代初

1950 年,捷克斯洛伐克和波兰分别向中国提出交换留学生。当年 6 月,周恩来总理亲自召开会议,决定除了与捷克斯洛伐克和波兰各交换 5 名留学生以外,再主动向罗马尼亚、匈牙利、保加利亚、朝鲜等国提出,也各交换 5 名留学生。

1950 年 7 月,在清华大学成立了东欧交换生中国语文专修班。这是中国第一个从事对外汉语教学的专门机构。该班 1951 年初正式开班上课,第一年共接收 33 名东欧留学生。当时只有 6 名教师,其中讲师 2 名,助教 4 名。

1952 年暑期,由于全国高等学校进行院系调整,清华大学东欧交换生中国语文专修班调到北京大学,改名为北京大学外国留学生中国语文专修班。

为了就近培养大批越南留学生,1953 年 9 月在广西桂林开办了越南留学生中国语文专修班,当年共接收越南留学生 257 名。该班 1954 年改名为桂林中国语文专修学校,同时接收了一批朝鲜留学生。1957 年停办后,一部分教师调入北京大学外国留学生中国语文专修班。

越南在抗法斗争时期,于 1952 年在中国广西南宁创办了一所育才学校。该校附设中文学校,有 30 名左右中国教师在这所中文学校任教。这也应算作中国对外汉语教学事业的一个组成部分。这所中文学校于 1956 年停办,在该校任教的中国教师一部分调到北京大学外国留学生中国语文专修班,一部分调到桂林中国语文专修学校。

50 年代末和 60 年代初,一些获得民族解放斗争胜利的非洲国家相继与中国建交,并纷纷要求向中国派遣留学生。为了专门对大批非洲留学生进行汉语教学,1960 年 9 月在北京外国语学院成立了非洲留学生办公室,第一年共接收非洲留学生 200 名左右。

1961 年,北京大学外国留学生中国语文专修班与北京外国语学院非洲留学生办公室合并,改名为北京外国语学院外国留学生办公室。

至此,除了北京大学尚未结业的留学生仍留在该校继续学习以外,其他学习汉语的外国留学生和大部分对外汉语教师都集中到了北京外国语学院。1961 年中国在校留学生总数为 471 人。

这一阶段中国共接收 60 多个国家的留学生 3315 人。这些留学生在中国首先学习一至二年的汉语,然后分配到有关院校学习专业,所以汉语教学是一种预备教育。

对外国驻华外交人员的汉语教学也开始于 50 年代初。当时学员不多,教师多为兼职。50 年代还开创了刊授和函授汉语教学:《中国建设》杂志于 1955 年开辟了"中文月课"栏目;厦门大学 1956 年创办的华侨函授部,于 1957 年增设了中国语文进修班。

不少国家不但向中国派遣留学生,还在本国开设了中文课程,并要求中国政府派中文教师前去任教。50 年代中国曾向越南、匈牙利、保加利亚等国派遣汉语教师。进入 60 年代以后,要求中国派遣汉语教师的国家越来越多。

到国外教授汉语除了要有较高的专业水平以外,还必须有较高的外语水平。从 1961 年开始,高教部从一部分大学中文系挑选优秀应届毕业生,作为储备出国汉语师资,派到北京外国语学院和北京大学,分别进修英语、法语、西班牙语(在北京外国语学院)和阿拉伯语(在北京大学),进修期限为三年。这是中国专门培养对外汉语师资的最初模式。

综上所述,从50年代初到60年代初,中国对外汉语教学事业属于初创阶段。这一阶段的主要特点是:从无到有,建立了专门的教学机构;形成了一支相对稳定的专职对外汉语教师队伍,并着手专门培养有一定外语水平的对外汉语师资;对驻华外交人员的汉语教学、刊授和函授汉语教学以及向国外派遣汉语教师等各项工作也已开始。存在的问题是:教学机构还不够稳定;教学类型比较单一,主要是汉语预备教育;相对说来教学规模还很小。

第二节　巩固和发展阶段:60年代初期到60年代中期

　　随着中国国际地位的提高以及经济和科学技术的发展,要求向中国派遣留学生的国家越来越多,中国也需要派遣更多的人员到国外留学。因此,接收外国留学生和向国外派遣留学生的规模都需要扩大。为了适应新的形势,加强对来华和出国留学生工作的统一领导和集中管理,经国务院批准,北京外国语学院外国留学生办公室和出国留学生部于1962年独立,成立了外国留学生高等预备学校。这是在总结了头十年教学和管理工作经验的基础上作出的重要决策。外国留学生高等预备学校的成立,使中国的对外汉语教学有了一个稳定的基地,结束了教学机构和人员迁移不定的状态。

　　外国留学生高等预备学校成立后,除了进行汉语预备教育以外,还着手试办汉语翻译专业。翻译专业的学制定为三至四年,1966年以前培养了巴基斯坦、索马里等国的20多名留学生。此外,从1964年开始,培养储备出国汉语师资的任务也转到这里。这时不但继续从大学中文系选拔应届毕业生进修外语,而且招收本科生。本科生学制四年。当时认为,从事对外国人的汉语教学主要的业务条件是既懂中文,又懂外语,所以教学内容是一部分中文专业课程和一部分外语专业课程的组合。这是中国培养对外汉语师资的另一种模式。但是第一届学生尚未毕业,就因"文化大革命"爆发而中断。

　　由于外国留学生高等预备学校的任务已不限于对外国留学生进行汉语预备教育,高教部于1964年决定将该校改名为北京语言学院(周恩来总理于1965年1月正式批准)。到目前为止,北京语言学院是中国唯一的一所以对外汉语教学与研究为主要任务的大学,它自成立以来,在教学、科研、师资培养和对内对外的学术交流等方面一直发挥着基地、骨干和带头作用。

1965年暑期,越南政府向中国派遣2000名留学生。承担对这批留学生进行汉语预备教育任务的,除了北京语言学院以外,还有北京大学、中国人民大学、北京师范大学、中央民族学院、北京师范学院、南开大学、河北大学、天津师范学院、吉林大学、辽宁大学、吉林师范大学、南京大学、南京师范学院、复旦大学、华东师范大学、同济大学、上海师范学院、杭州大学、武汉大学、华中师范学院、西北大学、陕西师范大学等20多所院校。

从1962年到1965年,中国共接收外国留学生3944名,四年间接收的外国留学生人数超过了头11年。1965年底在校留学生总数达到3312人,为1961年在校生的7倍多。

由于许多院校没有从事对外汉语教学的经验,高教部委托北京语言学院于1965年暑期为各院校准备教授越南留学生汉语的教师举办了一期培训班。这是中国第一次举办全国性的对外汉语教师培训班。参加过这期培训的教师,大多活跃在对外汉语教学岗位上,成为各院校的教学骨干和学术带头人。为了办好这期培训班,北京语言学院在总结1950年以来对外汉语教学经验的基础上,写出了20多种讲稿和材料,内容包括教学大纲和教学法介绍、教材分析、不同阶段不同课程的教学要求等。这些讲稿和材料不但在当时对各院校的对外汉语教学发挥了重要的指导作用,而且对以后的对外汉语教学产生了一定的影响。

由于接收外国留学生的院校遍布全国,需要通过一定的途径及时交流教学情况和教学经验。为此,高教部决定由北京语言学院创办《外国留学生基础汉语教学通讯》[①]。这是中国第一个对外汉语教学的专业刊物,于1965年下半年问世,共出版11期。

这一阶段其他教学形式也有所发展。中国国际广播电台于1962年分别在英语和日语广播节目中开办了"学中国话"和"汉语讲座"节目。厦

---

① 1965年下半年,北京语言学院创办《外国留学生基础汉语教学通讯》,是我国第一份对外汉语教学的专业刊物。

门大学华侨函授部于1962年扩充为海外函授部,教学规模迅速扩大。向国外派遣汉语教师的人数和对象国也有所增加。从1964年到1966年,有三批储备出国汉语师资完成了外语进修任务,第一批的全部和第二批的一部分分配到了北京语言学院,第三批由于"文化大革命"而未能按时分配。

以上情况说明,到60年代中期,中国的对外汉语教学事业不但得到了巩固,而且出现了良好的发展势头。随着教学规模的扩大,很快形成了以北京语言学院为基地、教学点遍布全国的,以学校教育为主,同时开展多种形式教学的新体制。学校教育除了汉语预备教育以外,又增设了汉语翻译专业。教师队伍不断扩大,有两批储备出国汉语师资陆续走上了国内外教学岗位,开始在对外汉语教学中发挥作用。专业刊物的创办为交流教学经验和学术信息提供了园地。

1966年夏天,"文化大革命"爆发。高等学校全部停课,也不再招收外国留学生。在校留学生则纷纷回国,只有少数几个国家的近40名留学生获准留下继续学习,直到1968年。中国国际广播电台的汉语教学节目,厦门大学的海外函授汉语教学等也被迫中断。唯一的专业刊物《外国留学生基础汉语教学通迅》也不得不停刊。对外汉语教学的基地北京语言学院停课几年之后,于1971年10月被宣布撤销,教职工除了已调往外地和调到北京其他单位的以外,全部合并到北京第二外国语学院。

在"文化大革命"中,《中国建设》上的"中文月课"和对驻华外交人员的汉语教学得以幸存,向国外派遣汉语教师的工作也没有完全中断。

第三节 恢复阶段:70年代初期到70年代后期

70年代初,随着世界政治形势的变化,中国在外交上取得了一系列重大胜利。1971年,中国在联合国的合法席位得到恢复。1972年,实现了中日邦交正常化。同年,美国总统尼克松访华,签署了《中美联合公报》。1973年12月18日,联合国大会第28届会议一致通过,把汉语列为大会和安理会的工作语言之一。这时,"文化大革命"还没有结束,但是高等学校已恢复招生,许多因"文化大革命"而中断在华学习的外国留学生纷纷要求复学。1972年,有40多个国家通过外交途径正式要求向中国派遣留学生。恢复接收外国留学生势在必行。

1972年6月,北方交通大学接收了200名坦桑尼亚和赞比亚留学生,为中国援建的坦赞铁路培养专业技术人员。为了对这批留学生进行汉语预备教育,北方交通大学成立了汉语培训班。

1972年10月,周恩来总理亲自批示同意恢复北京语言学院。这是中国为适应新的国际形势的发展而采取的一项重要措施。北京语言学院恢复后,经过半年多的紧张筹备,于1973年秋季开始招生,当年共接收42个国家的留学生383名。为了加强教材建设和研究工作,该院复校时成立了编辑研究部。这是中国第一个编写对外汉语教材和研究对外汉语教学的专门机构。

中国恢复接收外国留学生以后,北京大学、复旦大学等一批院校也陆续成立了对外汉语教学机构,为在本校学习专业的外国留学生补习汉语。

1974年9月9日,毛泽东主席为北京语言学院题写了校名,体现了他对中国对外汉语教学事业的关心,为这项事业的发展增加了新的动力。

但是当时仍然面临着许多一时难以克服的困难。高等学校长期停办以后,校舍破旧,设备不足;教师大量散失,青黄不接;后勤队伍在数量和思想作风上受到的破坏更为惨重;原有的管理制度被破除了,新制度一时难以建立。因此,各院校接收外国留学生的能力极其有限,特别是理工科专业。

从1972年到1977年的5年间,中国共接收留学生2266名。1977年在校留学生总数为1217人,尚未恢复到"文化大革命"前的规模。其中学习文科专业的日本和欧、美、澳留学生比例明显上升。

由于"文化大革命"尚未结束,极左思潮仍然笼罩着全国。从事留学生工作的人员在"文化大革命"期间差不多都程度不同地受过批判,这时还"心有余悸",加上政治运动还是一个接着一个,所以人们不可能把主要精力集中到业务工作上来,除了上课和编写急需的教材以外,很难顾及其他。

这一时期中国对外汉语教学事业存在的一个最突出的问题是教师人数不足。虽然有两批因"文化大革命"爆发而未能按时分配工作的储备出国师资这时也陆续走上了对外汉语教学岗位,但是仍不能补足缺额。随着教学任务的扩大,北京语言学院在复校后的最初几年内补充了一大批新教师,其中不少人没有任何教学经验,有的是"文化大革命"期间念的大学。为了帮助这些新教师尽快提高业务水平和教学能力,北京语言学院冲破了极左思潮的束缚,举办了多期时间长短不等(最短的三个月,最长的两年)的教师培训班,不但培养了一批熟练的对外汉语教师,而且为对外汉语教师在职培训积累了一定的经验。

进入70年代后,其他形式的对外汉语教学也开始恢复或得到了进一步发展。到1971年,北京外交人员服务局的汉语教师增加到20多名。中国国际广播电台的"汉语讲座"和"学中国话"节目先后于1973年和1976年恢复。

第四节　蓬勃发展的阶段：70年代末以来

　　粉碎"四人帮"之后不久，即宣告"文化大革命"结束。党的十一届三中全会制定了以经济建设为中心的正确路线，同时决定实行改革开放和搞活的政策。政治上的转轨和因此而带来的经济发展，引起了世界各国的极大关注，随之在世界上出现了一股"中国热"。许多国家的政府、经济界、学术界以及友好团体等，都希望更多地了解中国，加强跟中国的联系，在各个领域发展与中国的交流与合作。因此，很多人都需要懂汉语，各种机构都需要汉语人才，要求学习汉语的人越来越多。这样，"中国热"又引起了"汉语热"。许多国家的汉语教学得到了迅速的发展，并因此对中国的对外汉语教学提出了更多的要求。例如：要求向中国派遣更多的留学生，包括培养高级汉语人才；要求向他们派遣更多的汉语教师，并帮助他们培养自己的汉语教师；要求提供更多、更适用的汉语教材，特别是音像教材；要求提供理论指导，或合作开展理论研究。要满足这些要求，就必须加快发展中国的对外汉语教学事业。

　　这时中国高等学校承担对外汉语教学任务的能力有所增强。经过前几年的恢复，各高等学校的办学条件有所改善；对外汉语教师得到了补充，经过培训或教学实践的锻炼，业务素质也有了一定程度的提高。改革开放政策为中国对外汉语教学事业的发展进一步创造了良好的内部条件。为了发展对外经济技术交流与合作，不但要继续通过政府协议交换留学生，而且要支持高等学校直接与国外发展人员和学术交流。有条件的学校可以跟国外的对口学校进行校际交流，互派教师和留学生往往成为交流的主要内容。此外，一部分学校还可以直接接收国外实业机构和友好团体派遣的留学生，也可以直接接受个人申请。与国外的交流与合作，不但拓宽了招生渠道，而且使我们开阔了眼界，扩大了视野，思想得到了空前的解放。

中国改革开放政策的实施和国外"汉语热"的出现,使中国的对外汉语教学事业出现了蓬勃发展的新局面。从1978年开始,中国对外汉语教学事业的面貌发生了重大变化,形成了许多新的特点。主要变化和特点是:

1. 逐渐形成了以北京语言学院等院校为基地、教学点遍布全国并且各具特色的,以学校教育为主的多渠道、多层次、多种形式的教学体制,教学规模迅速扩大。

学校教育除了汉语预备教育有了进一步发展以外,又出现了一些新的教学类型:

1978年,北京语言学院正式创办了四年制的现代汉语本科专业(1975年开始试办),以培养汉语教师、翻译和汉语研究人员为主要目标。此后若干年每年有数十名汉语专门人才从这里毕业。

同年,北京语言学院又根据国外的要求创办了短期汉语进修班。从1980年开始,这种学习期限长短不一(一般最短4周,最长16周)、汉语程度高低不同(一般分四种程度编班)、教学与旅游相结合的短期汉语班迅速发展到了全国。不少院校主要通过校际交流的形式接收短期生。截至1990年,每年招收短期生数千人(包括校际交流数),构成了中国对外汉语教学的一大特色。全国开展对外汉语教学的高等院校在短短几年内增加到100所,正是短期汉语教学的发展和开展校际交流的结果。

有些院校根据国外的要求,接收一些国家的大学中文系或中文专业的学生前来进修。这些学生在中国学习的成绩,由派遣学校计算学分。有些院校根据外国实业机构或友好团体的委托,为他们派遣的高级进修生举办进修班,专门培养贸易、金融等方面的高级汉语人才。

1978年后,北京、广州、集美三所华侨补习学校得以陆续恢复。"文化大革命"前,这三所学校的主要任务是为华侨学生补习文化;复校后,入学的新一代华侨、华人子女汉语水平普遍较低或者根本不懂汉语,这样,它们的主要任务就改为教授汉语,校名也随之改为中国语言文化学校(原校名仍保留)。

以上情况说明,中国对外汉语教学已形成了多渠道招生和多层次教学的新体制,结束了只通过政府渠道招生和基本上仅限于汉语预备教育的历史。这正是改革开放、搞活精神在对外汉语教学事业上的体现。

改革开放、搞活的政策也使中国接收留学生的规模得以迅速扩大。从1978年到1988年,中国共接收130多个国家的长期留学生(即学习一年以上的留学生)13126名,短期留学生33812名(均不包括校际交流数)。这一阶段仅国家计划内的长期生数就相当于前三个阶段留学生总数的1.4倍。1988年在校长期生5245名(也不包括校际交流数),是1977年在校生数的4.3倍,是1965年在校生数的1.6倍。这一阶段通过校际交流渠道接收的留学生人数也相当可观,据不完全统计,仅1986年至1988年接收的长期生就达4500人,短期生人数更多。

到1988年为止,在校长期留学生总数达到100人以上(包括学习专业的人数)的高等院校有:北京语言学院、北京大学、清华大学、北京外国语学院、北京师范大学、南开大学、山东大学、南京大学、复旦大学、同济大学、华东师范大学、中山大学、厦门大学等。除了教学规模最大的北京语言学院和北京大学以外,中国人民大学、北京师范大学、北京外国语学院、山东大学、复旦大学、上海外国语学院、暨南大学、厦门大学、陕西师范大学、东北师范大学等院校也都成立了系一级的对外汉语教学机构,接收外国留学生的其他院校多半也成立了教研室一级的机构。

其他形式的对外汉语教学也有了很大的发展。1980年,厦门大学海外函授部恢复,并更名为海外函授学院。学生人数逐年增加,1987年达到3900多人。同年,北京市外国企业服务总公司成立了教学部,负责驻京的外国和港澳企业代表机构人员及其家属的汉语教学。现有学员600人,专职教师20人,兼职教师100多人。1981年,北京外交人员服务局将汉语教研组改为汉语教研室,1984年又发展成为汉语教学中心,教学对象除各国驻京外交人员和记者以外,还有联合国驻华机构人员以及上述各类人员的家属。现有学员650人,专职教师70多人,兼职教师40多人。上海等地也已开始对驻当地的外国和港澳机构人员进行汉语教学。中国国际广播电台除了继续在日语和英语节目中进行汉语教学以外,1986年以来,又先后在泰语、波斯语、老挝语、波兰语、朝鲜语、德语、俄语等语种的广播中开办了汉语教学节目。从1985年开始,英文台还专门为在北京地区的外国人开办了"每日一句中国话"节目。刊授教学除了《中国建设》继续开设"中文月课"以外,《人民中国》杂志于1986年和1988年先后开辟了"旅游会话"和"一分钟小说"栏目。以上各种形式的对外汉语教学与各类学校的校内教学互相补充,形成了一个比较完整的对外汉语教学网络。

2. 通过派遣教师、提供教材、建立教学点等多种方式支持国外的汉语教学。

早在50年代,中国政府就根据协议派教师到国外教授汉语,即使在"文化大革命"期间,派遣出国汉语教师的工作也没有中断。1978年以来,随着世界汉语教学的发展和对汉语教师需求量的增加,中国派出汉语教师的数量也逐渐增加。以1987年为例,中国共有通过政府渠道派遣的143名汉语教师和汉语教学专家在36个国家的69所院校或机构从事汉语教学工作。近年来,有越来越多的汉语专家应聘到国外担任政府汉语教学顾问,帮助设计汉语课程和制订汉语教学大纲,主持或参加教材编写工作等。此外,中国有关高等院校还通过举办教师培训班、进行个别指导、招收本科生和研究生等方式帮助国外培训和培养汉语教师。

支持国外发展汉语教学,还必须提供品种齐全、数量充足、质量较高、针对性较强的汉语教材。周恩来总理生前非常关心对外汉语教材的编写、出版工作,70年代初曾做过"速编速印"的批示。80年代以来,除了国内使用的汉语教材继续对外发行以外,教育、侨务部门与有关院校和学术团体互相配合,组织编写了一批专供国外使用的教材,有的是与国外合作编写的。这些教材有的在国内出版、在国内外发行,有的直接在国外出版发行,有的由国内外合作出版发行。国家对外汉语教学领导小组常务副组长黄辛白在1987年召开的对外汉语教材规划工作会议上的报告中指出:"对外汉语教材建设要着眼于全世界,有步骤有重点地开展。……在当前适用于国外的教材很少的情况下,尤其要考虑国外的需要。不但要看到今天已经提到面前的需要,而且要看到几年后必然会出现的新的需要,要远近兼顾。"为了贯彻这一方针,在《1988—1990年对外汉语教材规划》中列入了相当数量专供国外使用的汉语教材,并且都作为重点项目,有些由国内外专家合作编写。从1987年开始,国家已拨出专款资助对外汉语教材建设。教育、侨务部门和有关院校早已开始向国外赠送汉语教材、工具书和教学参考书。

支持国外汉语教学的另一种形式是直接在国外开设汉语教学点。1988年,中国在毛里求斯开设了"中国文化中心",汉语教学是这个中心日常活动的重要内容。这是中国直接在国外开设的第一个汉语教学点,类似性质的汉语教学机构有可能在越来越多的国家发展起来。这可以看作是中国对外汉语教学网络在国外的延伸。

3. 把对外汉语教学作为一门专门的学科来建设。

要使对外汉语教学事业得到健康的发展,就必须把对外汉语教学作为一门专门的学科,努力加强这门学科的建设。在过去相当长的一个时期内,许多人不了解对外汉语教学的性质和特点,因此不重视理论研究,课程设计、教材编写、课堂教学和测试等基本上是凭经验办事,教师队伍建设也没有明确的标准和方向。1978年在中国社会科学院召开的北京地区语言学科规划座谈会上,吕必松提出应当把对外国人的汉语教学作为一个专门的学科,应当在高校中设立培养这类教师的专业,并成立专门的研究机构。这一意见得到了与会语言学家的支持,会后发表的《北京地区语言学科规划座谈会简况》中提到:"要把对外国人的汉语教学作为一个专门的学科来研究,应成立专门的机构,培养专门的人才。"(《中国语文》1978年第1期)之所以要把对外汉语教学作为一个专门的学科,是因为如果要使它得到健康的发展,就必须对它的特点和规律进行研究,就必须在教学、理论、队伍等方面加强建设,而它的研究范围和建设内容是其他任何一个学科都不能包括或代替的。

为了开展对外汉语教学的学科建设,中国政府、各有关院校和广大对外汉语教学工作者已进行了长期的努力。采取的主要措施有:

(1) 创办了专业刊物,成立了专业出版社和专门的研究机构。

加强理论研究和教材建设,是中国对外汉语教学和世界汉语教学发展的客观需要,而创办专业刊物、成立专门的研究机构和专业出版社是推动理论研究和教材建设的必要措施,也是培养和发展学术队伍的必要措施。

1977年2月,也就是粉碎"四人帮"之后不久,北京语言学院创办了不定期的内部刊物《语言教学与研究》,这是中国粉碎"四人帮"之后新创办的第一个学术刊物。这时虽然还没有提出对外汉语教学是一门学科,但这项工作实际上是学科建设的一部分。该刊一问世,就受到了国内外汉语教师和中国语言学界的重视。根据国内外读者的要求和建议,1979年9月改为正式出版的季刊,在国内外公开发行。主要内容是:汉语作为第二语言或外语教学的教学理论和教学方法研究;针对外国人学习的特点和难点开展的汉语研究;外语和外语教学研究;汉语和其他语言的对比研究;语言学著作、汉语教材和工具书的评介等。已发行25个国家和地区。1984年初,对外汉语教学研究会创办了会刊《对外汉语教学》(内部印行),后因编辑力量不足而停刊,共出版8期。1987年3月,对外汉语教学研究会与北京语言学院语言教学研究所共同创办了《世界汉语教学》,出版两期预刊后,于同年9月转为世界汉语教学学会会刊(季刊)。该刊设有汉语研究、汉外对比、教学法论坛、课程和教材、课堂教学、书刊评介、现代语言学、学术动态等栏目,是发展国内外学术交流的重要园地。1987年8月,北京语言学院又创办了《学汉语》杂志(月刊)。该刊主要的读者对象是学习汉语的学生和汉语自学者,一部分内容对汉语教师也有参考价值。常设的栏目有汉语知识、汉语课堂、北京人说北京话、汉语与汉文化、我与汉语、习作园地、学习问答、师生之间、历史文物、名胜古迹等。

为了适应国内外对汉语教材的迫切需要，加强对外汉语教材、有关的工具书和教学参考书的出版工作，北京语言学院于1985年2月成立了对外汉语教学专业出版社——北京语言学院出版社。该社的主要任务是出版各种对外汉语教材、教学辅助材料、教学参考书、工具书；兼顾出版外语教学用书、工具书、注释读物、对照读物；还出版语言学、语言教学、中外文化以及与语言教学有关的其他学科的著作和译作；同时出版与上述图书配合的音像制品。1986年1月，成立了另一家对外汉语教学的专业出版社——华语教学出版社。该社出版供外国人和海外华侨、华人学习汉语用的多种教科书及有声教材，包括各类成套课本、练习册、辅助读物、教师用书、工具书及语言学专门著作等，并可配英、法、德、日、阿拉伯、西班牙等语种的外文解释。过去出版过大量对外汉语教材和工具书的商务印书馆、北京大学出版社和上海教育出版社等，继续出版对外汉语教学用书。语文出版社、江苏人民出版社、现代出版社以及许多大学出版社等也已开始重视对外汉语教材的出版工作。

为了更好地适应对外汉语教学学科建设的需要，经教育部批准，北京语言学院于1984年11月在编辑研究部的基础上成立了语言教学研究所，工作重点由以教材编写为主转向以研究工作为主。其主要任务包括：针对外国人学习汉语的特点和难点开展的汉语语言学研究；汉语和外语的对比研究；语言教学理论和教学方法研究；重要教材和工具书的编写；语言学和语言教学方面图书资料的收集、整理和介绍。1987年6月，北京语言学院成立了语言信息处理研究所。其主要任务是开展语言信息处理技术方面的基础理论和应用研究，包括计算机辅助对外汉语教学研究。此外，中国社会科学院和国家语言文字工作委员会所属语言文字应用研究所也把对外汉语教学列为研究任务之一。北京语言学院语言文学系成立的中外文化研究所下设文化对比研究室,他们的研究内容之一也是对外汉语教学所不可缺少的基础理论。

(2) 成立了专门的学术团体和学术机构,努力发展对内对外的学术交流。

1983年6月成立了中国教育学会对外汉语教学研究会。该会宗旨是:"团结全国对外汉语教学工作者,推动本学科的理论研究,促进国内外的学术交流。"1986年改属新成立的中国高等教育学会,全名改为中国高等教育学会对外汉语教学研究会。1988年从中国高等教育学会独立出来,改名为中国对外汉语教学学会。秘书处设在北京语言学院。该会成立以来,在发展国内外的学术交流方面做了大量的工作。1983年6月和1986年8月、1989年1月举行了首届、第二届和第三届学术讨论会;每年还举行若干次地区性和专题性学术讨论会。1983年7月,受教育部委托,组织中国汉语教师代表团与来访的美国汉语教师代表团举行学术讨论会,并商定了13个合作研究项目。1984年和1986年分别派代表团访问了美国和德意志联邦共和国,出席美国中国语文教师学会年会和德意志联邦共和国汉语教学协会组织的学术讨论会。1988年又派代表团赴美出席美国中国语文教师学会年会。1985年和1987年,与北京语言学院联合主办了第一届和第二届国际汉语教学讨论会。

在第二届国际汉语教学讨论会期间,各国代表在协商一致的基础上共同筹备成立了世界汉语教学学会,该会的宗旨是:"促进汉语作为外语教学和研究的国际交流与合作;推动世界汉语教学与研究的发展;加强世界各地汉语教学与研究工作者之间的联系;增进和发展各国人民之间的相互了解和友好合作,为维护世界和平贡献力量。"到1989年6月,该会已拥有来自25个国家和地区的会员367人。

为了更好地进行学科建设和发展学术交流,国家教委于1989年5月正式批准在北京语言学院成立世界汉语教学交流中心。该中心下设六个部,由国家对外汉语教学领导小组办公室和北京语言学院共同领导。各部的业务范围是：

教师研修部：接收国内外汉语教师前来进修或从事研究工作。

汉语水平考试部：编制汉语水平考试标准化试卷，组织考试和试卷评阅，颁发汉语水平证书。

信息资料部：收集整理国内外有关汉语教学和研究方面的书刊、资料，设立资料数据库，并提供阅览和查询。

声像制作部：接受委托，制作汉语教学方面的录音、录像材料。

教材编印部：接受委托，联系出版汉语教材及有关书籍、资料；负责联系出版、发行声像制作部录制的声像材料。

对外联络部：负责办理到"中心"进行业务活动的外国人的入境手续和在华期间的生活安排。

世界汉语教学交流中心的成立，为各国汉语教师参加培训和从事研究工作建立了稳定的基地，也为各国汉语教学工作者全面开展学术交流增加了新的渠道。这不但是加强对外汉语教学学科建设的一项重要措施，而且也是发展国内外学术交流、支持世界各国发展汉语教学的一项重要措施。

（3）努力加强教材建设。

教材建设是学科建设的一项重要内容。80年代以来，这项工作受到了教育主管部门、各有关院校和广大对外汉语教学工作者的普遍重视，编写、出版的教材数量和品种空前增加，不少教材的针对性和适用性也有所加强。一批用新的教学路子和教学方法编写的教材陆续问世。

为了解决教材编写和使用中存在的一些问题，对外汉语教学研究会受国家教委的委托，聘请北京大学、北京师范大学、北京语言学院、南开大学、南京大学、复旦大学、华东师范大学、上海外国语学院、中山大学等9所院校的专家，于1986年10月组成了全国对外汉语教材研究小组（李景蕙任组长、陈绥宁任副组长），对1950年以来编写的对外汉语教材进行了全面研究。研究小组经过近3个月的紧张工作，于1987年1月写出了

《建国以来对外汉语教材研究报告》(赵贤州执笔,《第二届国际汉语教学讨论会论文选》,北京语言学院出版社,1988),并从 200 多种教材中筛选出 33 种,作为第一批适用教材向国内外推荐(见《世界汉语教学》预刊第 1 期,1987),同时提出了制订对外汉语教材发展规划的建议。在向国内外推荐的 33 种教材中,当时已正式出版的或以后正式出版的有(按出版时间先后顺序排列):

《实用汉语课本》(1—6 册),刘珣等,商务印书馆,1981 年开始陆续出版。

《简明汉语课本》(上、下册),赵贤州等,上海外语教育出版社,1982。

《新汉语三百句》,张亚军等,(美国)Cheng & Tsui Company,1983。

《中级口语》,原如刚、李扬,外文出版社,1983。

《每日汉语:寓言/散文选读/古汉语趣读》,钟梫,新世界出版社,1983—1987。

《基础汉语 25 课》,陈绥宁,华东师范大学出版社,1983。

《每日汉语》,钟梫,新世界出版社,1983。

《汉语口语 900 句》,张亚军等,上海教育出版社,1984。

《实用汉语会话》(1—3 册),卜华礼等,上海外语教育出版社,1985。

《中国旅游必备》,赵贤州等,上海外语音像出版社,1985。

《最新中国语教本》(上、下册),刘山、李培元等,(日本)中华书店,1985。

《半年学会中国话》,郑国雄,上海有声读物公司,1985。

《汉语初阶》,刘珣,(日本)光生馆,1985。

《中国现代应用文》,荀春生等,三联书店(香港),1985。

《话说中国》(上、下册),杜荣、戴祝念(Helen T. Lin)等主编,外文出版社,1985、1987。

《今日汉语》(共 14 册),胡裕树主编,复旦大学出版社,1986 年起陆续出版。

《初级汉语课本》(系列教材),鲁健骥等,北京语言学院出版社、华语教学出版社,1986—1988。

《初级口语》,卢晓逸等,北京语言学院出版社,1986。

《中级汉语教程》(上、下册),陈田顺、刘镰力等,北京语言学院出版社,1987—1988。

《汉语速成》,刘英林等,北京语言学院出版社,1987。

《普通汉语教程》(系列教材),杜厚文主编,华语教学出版社,1988。

1986年以来,各院校又陆续编写和出版了一批对外汉语教材,其中有(按出版时间先后顺序排列):

《汉语普通话语音辨正》,李明、石佩雯,北京语言学院出版社,1986。

Chinese for Today(《今日汉语》1—2册),黄政澄等,商务印书馆(香港),1986、1989。

《开明中级汉语》,孙晖、Theodore D. Huters主编,语文出版社,1987。

《速成实用汉语课本》,邓恩明,现代出版社,1987。

《现代汉语口语视听说》,于康,南京大学出版社,1987。

《现代汉语进修教程·语法篇》,樊平等,北京语言学院出版社,1988。

《现代汉语进修教程·口语篇》,张孝忠主编,北京语言学院出版社,1988。

《汉语入门四十课》,郑国雄,外语教学与研究出版社,1988。

《交际汉语一百课》,刘珣等,人民教育出版社,1988。

《现代汉语教程》(系列教材),李德津、李更新主编,北京语言学院出版社,1988—1989。

《汉语中级教程》(1—2册),杜荣主编,北京大学出版社,1989。

《高级口语》,陈如、张起旺,华语教学出版社,1989。

《中国当代作品选编》(1949—1986),马中林、杨国章等,华语教学出版社,1989。

《高级汉语教程》(上册),姜德梧主编,北京语言学院出版社,1990。

(4) 加强对外汉语汉语教师的培养和培训工作,努力提高对外汉语教师的素质。

随着对外汉语教学的发展,人们对这项工作的性质和特点的了解逐渐加深,因此也逐渐认识到,对外汉语教师应当具备特定的知识结构和能力结构。这样的教师必须经过专门培养,但不能以一部分中文专业课程和一部分外语专业课程相组合的方式进行培养,因为这两类课程的组合不可能完全形成对外汉语教学所需要的知识结构和能力结构。

经教育部批准,北京语言学院于1983年开设了对外汉语教学专业,以培养对外汉语教师为主要目标。这一专业的主要特点是根据对外汉语教学对教师知识结构和能力结构的要求设计课程和确定教学内容。1985年,北京外国语学院、上海外国语学院、华东师范大学等院校也相继开设了类似的专业。北京大学和北京语言学院从1986年开始培养以对外汉语教学为专业方向的硕士研究生,南开大学、南京大学、四川大学、华东师范大学等院校也已开始招收以对外汉语教学为专业方向的硕士研究生。这样,对外汉语教师不但有了稳定的来源,而且基本素质可以得到保证。

中国现有的对外汉语教师,除了少数新近补充的对外汉语教学专业本科毕业生和以对外汉语教学为专业方向的毕业研究生以外,原有的专业背景多半是中文或外语,或中文加外语。他们虽然各有自己的专业特长,但原有的知识结构和能力结构不能完全适应对外汉语教学的需要。主要的缺陷是:多数人缺少语言教学理论知识、语言教学法知识和从事对外汉语教学的基本技能;非汉语专业出身的教师,多数人语言学理论知识不够,汉语知识也不够全面;非外语专业出身的教师,多数人外语水平不高。有些教师通过长期的教学实践积累了丰富的经验,也有些教师通过业余自学掌握了所缺的知识,但是与语言教学密切相关的语言学、心理学、教育学和语言教学理论总是在不断发展,新的教学思想和教学方法不断出现。所以即使是教学经验丰富、知识结构和能力结构比较合理的教师,也需要继续补充新知识。为了帮助对外汉语教师完善知识结构和能力结构以及补充新知识,教育主管部门和许多院校积极创造条件,为他们提供在职培训的机会。

大规模培训较为有效和可行的方式是举办教师培训班。北京语言学院于1983年9月邀请美国俄亥俄州立大学东亚语言文学系主任黎天睦(Timothy Light)教授到该院讲学,黎天睦教授除了为北京语言学院外语系学生开设英语方面的课程外,还专门为该院对外汉语教师开设了语言教学法课程。这是中国第一次请专家为对外汉语教师系统讲授语言教学法课程。黎天睦教授的讲稿经整理后定名为《现代外语教学法——理论与实践》,由北京语言学院出版社于1987年出版。此书是中国出版的第一部结合对外汉语教学系统论述教学理论和教学方法的著作。黎天睦教授长期从事对中国人的英语教学和对美国人的汉语教学,同时致力于汉语和语言教学理论的研究,积累了丰富的经验。他在该书中以自己的亲身经验和生动有趣的实例,深入浅出地叙述了近年来国外较为流行的语言教学理论和实践情况,涉及结构主义语言学、转换—生成语法、社会语言学、心理学等研究中的许多问题。该书持论公允,见解独特,对于开阔眼界,启发思路,具有较高的实用价值。1984年暑期,对外汉语教学研究会在北京语言学院举办了为期一个月的对外汉语教师培训班,来自全国23所院校的50名年轻教师参加了培训。开设的主要课程有:教材编写、课堂教学、语音教学、语法教学。1986年暑期,北京语言学院和美国俄亥俄州立大学在北京语言学院联合举办了为期一个月的中美汉语教师培训班,参加培训的有美国汉语教师13人,中国对外汉语教师25人。开设的主要课程有:语言教学法和教材编写、汉语语法分析、中美文化对比,由中美双方教授主讲。除讲课外,还组织课堂讨论、教学见习(听课)和教学演习(学员模拟教课)。此外,还聘请了一些著名学者和专家到培训班讲课、座谈。黎天睦教授是这期培训班的主要发起人和美方负责人。1987年春天,对外汉语教学研究会和北京大学对外汉语教学中心在北京大学联合举办了教学法培训班,由美国达慕思大学罗立言教授讲课,近40名对外汉语教师参加了培训。1988年暑期和秋季,筹建中的世界汉语教学交流中心教师研修部在北京语言学院先后举办了为期4周和3个月的汉语教师培训班。暑期班有国内外学员40多名,秋季班有国内学员20名。开设的课程有:教学法,语音、语法、词汇、汉字教学,口语课、听力课、阅读课教学。此外,还开设了若干专题讲座。除了举办培训班以外,各院校还结合本校的具体情况,通过开设专题讲座、选派教师进修本科生或研究生的部分课程或出国进修等形式,提高对外汉语教师的业务素质、研究能力和教学水平。在出国进修或念学位的教师中,已有一些语言学、心理语言学、语言教学理论以及"比较文化"等基础学科和新兴学科的高级专门人才成长起来,他们在对外汉语教学的学科建设中将发挥越来越大的作用。

做好专业技术职务的评审工作,有利于稳定对外汉语教师队伍,提高这支队伍的素质。为了合理评定对外汉语教师的专业技术职称,国家教委教师职务评审委员会下设了对外汉语教学学科评议组,为一部分院校和有关教学机构评定教授、副教授职务。此外,为了确保对外汉语教师的基本素质,国家教委又制订了《对外汉语教师资格审定办法》,对经过考核证明能够从事对外汉语教学的人员颁发资格证书。资格证书制度正式推行后,出国教授汉语的教师将只能从具有资格证书者中选派。这项制度的建立,有助于促进对外汉语教师队伍素质的提高。

上述种种情况说明,加强对外汉语教学学科建设的条件已相当齐备。只要充分利用这些条件,就可以加快对外汉语教学学科的发展,中国对外汉语教学事业也必将继续得到健康的发展。

4. 成立了专门的领导机构,加强领导和协调。

作为一项国家和民族的事业,对外汉语教学不但跟教育部门有关,而且跟文化、侨务、新闻、出版、外交等部门有关。随着对外汉语教学的迅速发展,迫切需要加强统一领导和对各方面的工作进行协调。经国务院批准,1987年7月成立了国家对外汉语教学领导小组,负责统一领导和协调对外汉语教学工作。领导小组由国家教育委员会副主任何东昌任组长,国家教委专职委员黄辛白和国家教委副主任滕藤先后任常务副组长,国务院侨务办公室副主任李星浩任副组长。领导小组成员还有国务院外事办公室、外交部、广播电影电视部、文化部、新闻出版署、国家语言文字工作委员会以及北京语言学院的有关领导人。国家对外汉语教学领导小组的成立,反映了国家对发展对外汉语教学事业更加重视。

国家对外汉语教学领导小组成立后,中国对外汉语教学事业走上了更加有计划、有组织的发展道路。

1987年11月,国家对外汉语教学领导小组办公室召开了全国对外汉语教材规划工作会议,黄辛白在会上作了题为《适应对外汉语教学蓬勃发展的新形势,加快对外汉语教材建设》的报告,对中国对外汉语教学的形势、任务和对外汉语教材编写、出版、发行工作中带有方针、政策性的问题进行了全面论述。会上制订了《对外汉语教材规划选题项目》,成立了对外汉语教材选题项目评议组。同年12月,评议组召开了第一次会议,讨论通过了163个申报项目,由国家对外汉语教学领导小组办公室作为第一批项目列入了《1988—1990年对外汉语教材规划》。1989年4月,评议组召开了第二次会议,又讨论通过了19个项目,作为第二批项目列入了规划。

领导小组办公室在广泛征求意见的基础上,于1988年6月制订了《1988—1990年对外汉语教学科研课题指南》。1989年4月召开了"对外汉语教学科研课题评议组"第一次会议,讨论通过了44个申报项目,正式列入了《1988—1990年对外汉语教学科研规划》。

1988年9月,国家教委和国家对外汉语教学领导小组召开了全国对外汉语教学工作会议。出席这次会议的有国务院有关部委的负责人、部分省市教育和侨务部门负责人、部分高等院校校院长、部分驻外使领馆教育处或文化处负责人以及有关的专家学者等共120多人。这是新中国成立以来第一次专门研究对外汉语教学工作的全国性会议。滕藤在《主动适应国际社会的需要,加快对外汉语教学事业的发展》的报告中,对发展对外汉语教学事业的意义、对外汉语教学面临的形势和当前的任务以及发展对外汉语教学事业的指导思想、方针政策和措施等问题进行了全面的论述。这个报告是中国发展对外汉语教学事业的第一个纲领性文件。与会者经过热烈讨论,在关于加强对外汉语教学工作的一些原则性问题上基本上统一了认识。这次会议对推动中国对外汉语教学事业的发展将发挥积极作用,在中国对外汉语教学史上具有重大意义。

第二章　对外汉语教学法的发展

对外汉语教学和其他语言教学一样,整个教学过程和全部教学活动应包括总体设计、教材编写、课堂教学和测试四大环节。无论是作为一个整体的全过程,还是四大环节中的任何一个环节,都要贯彻一定的教学理论和教学方法。

从教学方法发展的角度考察,中国对外汉语教学的发展也可以分为四个阶段。大体上说,从50年代初到60年代初是初创阶段,从60年代初到70年代初是改进阶段,从70年代初到80年代初是探索阶段,80年代初以来是改革阶段。由于教学方法的发展有其自身的规律,跟事业的发展不一定完全同步,所以教学方法发展的四个阶段跟教学事业发展的四个阶段在时间上不是一一对应的。

第二语言和外语教学虽然已经走过了漫长的道路,并且创造了从最古老的语法翻译法到新兴的功能法等许许多多的教学法,但是人们对它的效率和成功率仍然感到不满意。世界各国的第二语言和外语教学仍都处于探索过程,在理论和方法上都面临着许多共同的问题。在教学方法上普遍关心的问题至少有以下几点:

(1) 如何处理语言知识的传授与语言技能训练的关系;

(2) 如何处理目的语跟学生的母语和媒介语的关系;

(3) 如何处理听说训练和读写训练以及听和说、读和写的训练的关系;

(4) 如何处理语言的结构、意义和功能的关系;

(5) 如何处理语言和文化的关系。

随着语言学、心理学和其他相关科学的发展,人们对上述种种问题的认识和处理方法一直在不断发生变化。对外汉语教学方法的发展,也主要体现为对这些问题的认识在逐渐加深,处理方法在逐步改进。这些变化也就是划分对外汉语教学法发展阶段的依据。

第一节 初创阶段:50年代初到60年代初

语言学是语言教学的基础之一,任何语言教学都不可能脱离一定的语言学背景。中国对外汉语教学的教学理论和教学方法,初创阶段主要是由当时的语言学发展状况所决定的。

50年代是中国语言学大发展的时期。其主要特点是:

1. 社会发展的需要,党和政府的重视,使语言学成了国家的一项重要事业。

1950年5月21日,《人民日报》发表了《请大家注意文法》的短评,提出:"应当努力用正确无误的语言文字来表达正确无误的思想,应当把文法上的一切错误,从我们所发表的文字中逐步地、最后地彻底消灭掉。"1951年6月6日,《人民日报》开始连载吕叔湘、朱德熙合著的《语法修辞讲话》,并为此发表了《正确地使用祖国的语言,为语言的纯洁和健康而斗争!》的社论。社论严肃地批评了当时的报刊及机关文件中存在的许多不能容忍的语言混乱现象,指出:"这种语言混乱现象的继续存在,在政治上是对于人民利益的损害,对于祖国的语言也是一种不可容忍的破坏。每一个人都有责任纠正这种现象,以建立正确地运用语言的严肃的文风。"1956年1月28日国务院决议公布了《汉字简化方案》。1958年2月11日第一届全国人民代表大会第五次会议批准了《汉语拼音方案》。

2. 汉语研究为普及汉语知识、改进汉语教学、实现汉语规范化服务。

50年代出版的语法著作有200多种,其中一半以上是为普及语法知识而写的通俗读物。为了改进中学的汉语教学,人民教育出版社于1954年成立了中学汉语编辑室,组织了一批语言学家,由张志公担任主编,编写出版了《暂拟汉语教学语法系统》和中学《汉语》课本。研究现代汉语的著作都以规范的普通话为依据。

3. 重视对马克思主义语言理论的学习和应用,同时注意借鉴美国结构主义语言学的理论和方法。

1950年6月20日,苏联《真理报》发表了斯大林关于语言问题的长篇论文《马克思主义与语言学问题》,中国语言学界也立即开展学习。许多语言学家在此后的研究和著述中,都纷纷引用斯大林和其他马克思主义经典作家关于语言问题的论述。1952年,李荣编译出版了赵元任的《北京口语语法》,这是运用美国描写语言学的方法来全面处理汉语的第一部著作,它的最大特点是从结构出发进行语法分析。这部书不仅对汉语语法研究产生了直接的影响,而且引起了中国语言学界对美国描写语言学的兴趣。

语言学上的发展变化,必然要反映到对外汉语教学中来。初创阶段的对外汉语教学,从教学内容到教学理论和教学方法,都与上述特点有关。主要表现是:

1. 教授现代汉语以普通话为标准;随着简化汉字的推行,凡正式简化的汉字都作为标准汉字进行教学;《汉语拼音方案》公布后,立即用它来教授语音和给汉字注音。这些做法不但有利于提高对外汉语教学的质量,而且对国外的汉语教学也产生了良好的影响,使中国对外汉语教学形成了一个良好的传统。

2. 既重视传授语言知识,也重视培养学生应用汉语的能力。北京大学外国留学生中国语文专修班于1953年制订的教学计划提出,外国留学生学习汉语的目的是:掌握汉语基本知识,具备运用汉语听、说、读、写四方面的基本能力,准备升入中国高等学校学习一个专业。这一计划实际上是把传授"基本知识"和培养"基本能力"放在同等重要的地位。基于这样的指导思想,教材和课堂教学基本上都采用演绎法,即首先讲解语言知识,然后围绕有关的语言知识组织的语言材料进行练习。语音、语法教学都是如此。考试内容也包括语言知识。就是说,对所教的语言知识不但要求学生理解,而且要求他们记忆。重视语言知识教学的理论根据是必须以理论指导实践。周祖谟在强调语言知识教学的重要性时指出:"我认为:不论通过一种什么讲解的方式或练习的方式,语法的知识是必须教给同学的。学习汉语在语法上必须掌握三点:句子结构的形式,句中语词的次序,词与词、句与句关联的虚字。有了这种基本的知识,自然学得快,理解得快。""语法教学的目的在于使同学掌握基本的语法知识,以便发展说话和听话的能力,并且为培养阅读的能力打下基础,这就是'理论指导实践'的意思。"(周祖谟,1953)

3. 教学初期通过翻译讲解语言知识。这一点跟重视传授语言知识是分不开的。用汉语讲授语言知识学生听不懂,就只好依靠翻译。"过去我们使用的是翻译法(对这一说法有不同的意见。见任远,1984;李培元,1987),教员讲,翻译同志在旁边翻译。或者是,会外文的教员直接用外文讲,从《汉语教科书》上册语音第一课开始就这样,到三十几课时逐渐摆脱翻译,直接用汉语讲授。"(钟梫,1979)。

4. 教学内容以词汇和语法为中心。这样做的理论根据是斯大林的语言学说。"斯大林同志的著作《马克思主义与语言学问题》,对于我们有重要的指导意义。他说:'语言的语法构造和基本词汇是语言的基础,是语言特点的本质'。因此我们要使学汉语的人能够充分掌握汉语,就必须注重词汇教学和语法教学。这是汉语教学的基本原则。""在全部教学过程中,词汇教学和语法教学应当是教学的中心,别的都要围绕着这个中心来进行。"(周祖谟,1953)

5. 语言技能训练的主要倾向是:全面要求,综合教学,阶段侧重。所谓全面要求,就是要求学生全面掌握听、说、读、写四种语言技能。所谓综合教学,就是通过一门主干课对听、说、读、写四种语言技能进行综合训练。所谓阶段侧重,就是开始阶段侧重听、说训练,逐步过渡到侧重听、读或读、写训练。"四者之中,能听能说是基本的要求,能读能写是进一步的要求。……首先要重视口语的训练。口语训练有了好的基础以后,再针对同学将来所要从事的工作来制定训练阅读和写作的目标的实施计划……""就上面提出的几项教学的内容来说,不妨分做两个大的阶段来进行。第一个阶段着重听话和说话的训练;第二个阶段着重阅读和写作的训练。"(周祖谟,1953)这一设想在教学中基本上得到了贯彻,并且对以后的教学产生了重要的影响。钟梫在《十五年汉语教学总结》中专门谈到了"听、说、读、写、译的侧重问题":"对文史哲和专修汉语的学生,我们说四会全面要求;对理工农医等正规大学生,我们说侧重听、读;对准备当翻译干部的,我们说五会全面要求。不论是全面要求的,还是有重点要求的,都存在一个侧重的问题:什么时候侧重什么,什么阶段侧重什么,整个说又侧重什么。"例如,对理工专业的学生"开始阶段要侧重听、说,继之以听、说、读,等到语言基础比较扎实,学生具备了一定的口头表达能力之后,就可以侧重听、读。"(钟梫,1979)在如何处理听说和读写的关系问题上,这一阶段曾出现过"先语后文"和"语文并进"的两种做法和争论。"1950年开始教学的时候,我们用的基本上就是'先语后文'的办法。在五六个月内学生只接触拼音(当时用的是威妥玛式的注音法),不接触汉字。课文全部是拼音写的。学生掌握了几百个生词以后,才开始同时学习汉字。一个学年以后,我们进行了总结……否定了这个'先语后文'的办法,采用了'语文并进'的办法。""'祁建华速成识字法'推广以后……决定重新试验'先语后文'的办法,当时就在蒙古班上做了试验。与1950年的做法不同的地方在于,学完七八百个生词和基本语法之后,我们停了十来天,专门突击这七八百个生词所包含的汉字,一天突击七八十个,根据速成识字的经验来看,应该并不吃力。可是实际上,学生学的是外语(汉语对他是外语),不是母语的文字,时间又有限,学生的语法、熟巧都还比较差,到突击汉字的阶段,猛一下从拼音过渡到汉字,不但集中出现了认写汉字的困难,而且有些词和语法又发生回生的现象。突击的结果,时间用得并不少,但是汉字掌握比较其他班就差得多,语言的熟巧程度也并不高。这样我们第二次否定了'先语后文'的办法。"(钟梫,1979)

6. 语法教学的特点是句本位和结构形式分析。就是说,以句法为中心,具体内容包括介绍词类和句子成分,讲解词序和虚词的用法。

7. 文化方面的教学内容主要体现在课文中。文化是一个不太确定的概念,对其内涵可以有不同的理解。从语言教学的角度考虑,张占一主张把文化分为知识文化和交际文化两类(张占一,1984)。在初创阶段的对外汉语教学中,文化教学没有受到足够的重视,课文中体现的文化也主要是知识文化,包括一部分历史地理知识、民俗知识、名胜古迹、建设成就、作家作品介绍等。跟语言理解和语言运用密切相关的交际文化基本上没有涉及。这主要是因为当时还没有结合语言和语言学习开展交际文化的研究。这方面的研究也还没有深入开展,所以在对汉语教学中交际文化的教学几乎还是空白。

中国第一部正式出版的对外汉语教材《汉语教科书》集中地体现了初创阶段的教学理论和教学方法。这部书分上下两册,共72课。其中"语音"8课,"口语练习"4课,其余是"基本语法"。书后附有"基本语法复习提纲""生词对照表""汉字组合一览""繁简字对照表""词儿连写规则"。语音部分集中介绍音素、声调和拼写规则,注意突出难音难调的练习。每个音素都附有发音部位图和关于发音部位和发音方法的文字说明。对其他语音知识也作了扼要的讲解。这种从单个音素出发的教学方法今天叫"音素教学"。从第三课开始介绍汉字字素。口语练习部分的主要内容是关于学习生活和日常生活的简短会话。每课的排列顺序是:一、生词;二、短句;三、汉字字素;四、基本笔画(即汉字笔顺表)。生词和短句都注有汉语拼音和外文翻译。基本语法部分每课内容包括:一、生词;二、语法;三、课文;四、课外练习;五、汉字表。生词和语法部分的解释有外文翻译。第三十课以前,每课的生词、课文和语法部分的例句都有拼音与汉字对照;从第三十一课开始,课文和语法部分的例句不再注音。语法点的选择和解释都注意针对外国人的难点,共介绍196个语法点,按照由易到难、循环渐进的原则排列先后顺序,跟对本族人教语法的方法显然不同,符合外国人学习的要求。书后的语法复习提纲对分布在各课的语法点作了纵向归纳,从中可以看到完整的语法体系。词类分为名词(附"们"和名词重叠)、代词(又分人称代词、疑问代词、指示代词)、动词(附系词"是"、能愿动词和动词重叠)、形容词、数词(分基数、序数、概数)、量词(分名量词和动量词)、介词、副词、连词、助词(分结构助词、语气助词)、叹词十一类。句子按结构分为双部句和单部句两类。双部句又分为体词谓语句(主要讲"是"字句)、形容词谓语句、动词谓语句、主谓谓语句四类;单部句则分为无主句和独语句两类。介于词和句之间的语法单位有动宾结构、动词结构、主谓结构、介词结构。句子按用途分为陈述句、疑问句、命令句、感叹句四类。句子成分包括主语、谓语、宾语、定语、状语、补语,其他成分有同位语和外位语。分析句子成分的方法是先分为主语和谓语,再从主语和谓语中分析其他成分,并用公式表示语词的结构顺序。语法部分的其他内容有:(1)时间:时间状语表示"在"什么时间或什么时期内;时间补语表示"用"或"持续"多少时间。(2)情貌:动作的完成;动作的进行;动作的持续;动作的就要发生;过去的经验。(3)动词谓语句的几种句型:兼语式;连动式;处置式;被动式;表示存在、出现或消失的;强调动作的时间、地点或方式的(即"是……的"结构)。(4)否定:不;没有。(5)强调:宾语提前(中国戏和中国画儿我都很喜欢);反诘;二次否定;连……都(也)……;—(一个人也没有);是(跑得是快);就;疑问代词活用;词的重叠。(6)复合句包括:因为……所以……;虽然……但是……;要是……就……;不但……而且……;只要……就……;又……又……;越……越……;(7)疑问代词活用表示特指(哪儿的工作需要我,我就到哪儿去)。课文都是围绕语法点编写的,内容以学校生活为主。上册大部分是会话体,下册叙述体较多。少数课文由意思互不相关的若干句子组成。每课的语法点和生词量有严格的控制,体现了语言教学的特点。课外练习部分的练习方式的出发点是对语法点的理解和模仿。

从上面的介绍可以看出,《汉语教科书》的主要特点是:(1)教学内容以语法为纲(语音部分以音素为纲)。课文和练习都是为语法点(语音部分为音素)服务的。(2)重视语言知识的教学。对涉及的语音、语法现象都作了简明扼要但又比较系统的解释。(3)语法分析重结构形式,基本上是结构主义的路子。这跟中国 50 年代语法学的发展倾向是一致的。但对某些特殊意念的表达方式作了专门的介绍,这又不同于纯结构分析的路子。可以说,《汉语教科书》吸收了中国语法研究的主要成果。(4)语法点的分割、选择和先后顺序的排列,对每个语法点的解释,对某些特殊意念的表达方式的专门介绍,每课语法点和生词量的严格控制,大部分课文采用会话体等等,都体现了对外汉语教学的特点,有很强的针对性。

这部教材的缺点也是显而易见的。除了教学法原则方面的历史局限性以外,其他方面的主要缺点是:(1)对语言知识的讲解过于琐细。(2)课文内容涉及的生活面过窄,学校生活用语太多,社会生活用语太少。(3)有些句子实际上是语法点的图解,不是真正的自然语言,不符合现实交际的需要。当然,这些缺点并不影响这部书的历史价值。"它的语法部分影响最大,成就最高。这部分以六十课的篇幅,按照对外汉语教学的需要,对汉语语法做了独具特色的切分和编排,从而为建立'对外汉语教学语法体系'奠定了基础。书中对语法条目的安排,力求由浅入深,循序渐进,既突出汉语独有的某些特点,又便于学生复习巩固、综合归纳,同时还照顾到语法和本课词汇的相互配合。……所有这些从实践中得出的编排原则,特别是切分后的具体语法点及其编排体系,成了此后各个版本教材编写语法部分时的主要参考依据。""从编写技术角度看,每课的单句、对话或短文都力求尽可能集中地反映本课的语法点;从内容范围看,包括学习生活、日常生活、中国现状及简短的历史故事等;词汇力求常用、实用并且符合总的教学目的。这种选材原则及语法、词汇、课文的配合原则也都为以后各版本教材所吸取。每课后面加汉字笔顺表,更为以后各版本所沿用。"(任远,1985)"作为草创时期的代表作,它起到了历史性的作用,影响是深远的。"(赵贤州,1986)

从总的教学指导思想看,初创阶段的对外汉语教学具有鲜明的语言学倾向。所谓语言学倾向,就是在语言规律、语言学习规律和语言教学规律这三者当中,侧重于从语言规律出发。周祖谟曾经明确地提出:"我们必须建立以新的语言学为基础的教学方法来进行汉语教学。"(周祖谟,1953)这一指导思想必然要导致教学方法上的语言学倾向。教学内容以词汇和语法为中心,教材以音素和语法为纲,系统介绍并要求学生全面掌握语言知识,采用演绎法教学等,就是这种语言学倾向的具体体现。当时虽然也提到了翻译法、直接法、综合法等名称,但这些名称的含义仅限于用不用学生的母语或媒介语翻译这一具体做法。实际上,当时对这些教学法并没有进行全面的研究和介绍。尽管如此,当时在教学法上实际上还是注意到了对外族人的教学跟对本族人的教学的区别。周祖谟在强调语法知识教学的重要性时也同时强调了这种区别。他指出:"这种语法教学跟教汉族同学不一样,不能专门讲述理论的知识,要扼要,要简明,特别是要把汉语的一些表达法教给同学,使同学能够充分灵活运用,并且要结合他们的实际来进行,从感性认识提高到理性认识……每讲一个要点要多举例句,指出其中语法的规则。同学学了以后还要应用这种规则按照例句来说话……更重要的是:在教语法的时候,要把汉语语法的结构跟学生的本族语语法作适当的比较说明,这样对于他们帮助更大。"(周祖谟,1953)正因为一方面有一定的语言学理论的指导,另一方面又注意到了对外汉语教学的特点,所以这阶段的对外汉语教学在教学理论和教学方法方面积累了丰富的经验,在许多方面为以后的发展打下了良好的基础。

第二节 改进阶段:60年代初到70年代初

从60年代初到70年代初,对语言教学的认识没有根本性的突破,只是在总结50年代教学经验的基础上对教学方法作了一些改进,所以我们把这一阶段叫作改进阶段。主要的改进有以下几个方面:

1. 提出并贯彻"实践性原则"。

"强调实践性原则,强调对外汉语教学是实践汉语(教学),这是60年代汉语教学最重要的特点。这个认识是基于对50年代对外汉语教学较为深刻的反省之上的。"(吴勇毅、徐子亮,1986)对于只有通过实践才能掌握语言这一点,50年代也是明确的。周祖谟曾经指出:"不实践,空学一些语法知识是没有用处的。"(周祖谟,1953)但那时没有把"实践性"提到"原则"的高度来认识,"走的是从理论到实践的路子。"(吴勇毅、徐子亮,1986)60年代初在总结以前教学经验的基础上,针对教学中存在的过分注重理论的倾向,提出了"实践性原则"。钟棨在论述实践性原则时指出:"实践性原则贯穿在各个阶段、各门课程中。""教学原则来自教学目的、教学要求。过去我们的留学生绝大部分都不是来学习汉语理论的。因此,不论是掌握语法也好,语音理论也好,或者词的用法也好,对他们来说都只是作为一根拐棍,他们更重要的、最终的学习汉语的目的是得到运用汉语这一工具的技能。过去由于种种原因(主要是教师思想认识上的原因),我们讲语音理论太多,讲语法理论太多,讲近义词的比较太多,忽视了实践性的原则,影响了实际运用汉语的技能的提高。"(钟棨,1979)由于强调实践性原则的主要目的是减少理论讲解,所以贯彻这一原则的主要途径是要求在课堂教学中实行"精讲多练"和采用归纳法。

2. 改用"相对直接法"。

这里所说的"相对直接法",是指既不是像过去那样在教学初期(7周左右)带翻译上课,也不像国外的直接法那样绝对排斥学生的母语或媒介语。这也是贯彻"实践性原则"的一项措施。改用"相对直接法"(关于"相对直接法"的提法也有不同的意见。见任远,1984)一方面是为了减少理论讲解,另一方面是由于客观情况的变化。"自从明白了我们教的是实践汉语,理论要讲求实用,要少而精,去掉烦琐的东西,课堂教学要'精讲多练'等等原则性问题以后,绝大多数教员认识到,过去那种方法有问题,要改革。1964年秋季开学,学生国别复杂,一个班常常包括好几个国家、好几种媒介语的学生,用翻译法在客观上也已不可能,我们就改用了相对的直接法,效果比较好。""使用这种方法,有利于教师精讲多练,加强学生的实践活动,对提高学生的口语和听的能力有很大帮助。"相对的直接法"并不完全排斥翻译法的一切环节。例如,语法阶段开始,生词必须有译文。……课堂上也并不完全禁止使用外语。例如有的语法点,含义不太容易捉摸,或者用外语一比就非常清楚,那么应当用外语(假定教员会外语)指点一下。"(钟梫,1979)

3. 加强了教学的针对性,教学内容结合学生专业学习的需要。

1962年,外国留学生高等预备学校派教师到清华大学调查留学生学习专业的情况,发现从预备学校结业的留学生到清华大学学习专业有不少困难。原因是:有的学生专业知识基础差;有的任课教师方音较重或语速较快,留学生听起来很吃力;学生的汉语词汇量不够;专业词汇不足;学过的汉语运用不够熟练,遗忘现象严重。针对这一情况,对准备学习理工专业的学生提出了新的教学目标,即:"在汉语方面必须达到:能应付日常生活,掌握必要数量的数理化词汇,具有一定的阅读数理化浅易原文的能力,初步受到听数理化通俗讲座的训练,并具备必要的口头表达能力。要求入系后能借助字典读懂参考书的基本意思,听懂专业课的80%—90%。"并认为:"上述教学要求经过艰苦努力,通过试验、实践、总结,是完全可以达到的。"具体做法是:"前期要多学日常生活、学习生活的东西,学了就能说能用,这时候可以适当给一些日常见到的自然现象、科学常识方面的词汇,到中期逐渐增加科学小品(例如占到1/3左右),再往后就给一些经过改写、适合于语言练习的数理化文章,最后再完全使用数理化原文。"(钟梫,1979)根据这一设想,外国留学生高等预备学校对准备学习理工专业的学生加强了专业用语的教学,专业阅读阶段由原来的4周左右增加到11周,并且在学年后期开设了以数理化知识为内容的讲座课,以培养学生听专业基础课和阅读专业基础课教材的能力。但是新补充的教材在词汇和语法方面的跳跃性太大,学生学起来有一定的困难。要全面贯彻上述设想,必须编写专门的教材。1964年秋季成立了编教组,由李景蕙任组长,赵淑华、吕必松任副组长,负责编写专供准备学习理工专业的学生使用的汉语教材。这套教材分《基础汉语》和《汉语读本》两部分,前者是"语音、语法阶段"的教材,内容侧重于学习生活和日常生活用语,也注意选用一些既用于日常生活,又用于科技著作的词汇(如水、空气、科学等);后者是"短文阶段"的教材,课文编排由一般内容过渡到科学常识,再由科学常识过渡到数理化原文,力求做到自然过渡,尽量避免词汇和难易程度上的跳跃。除了内容上结合学习理工专业的需要以外,在教学方法方面也根据多年积累的经验,在《汉语教科书》和原有短文教材的基础上作了一些改进。《基础汉语》1965年秋季在两个班试用(这时《汉语读本》尚未编完),一年后,"文化大革命"爆发,对外汉语教学中断,因此未能得到推广。1971年出版的《基础汉语》就是这套试验教材的修改本。

由商务印书馆出版的《基础汉语》(上册,1971年;下册,1972年)和与它相衔接的《汉语读本》(上、下册,1972),是"文化大革命"期间专为国外的汉语教学编写的。"文化大革命"期间中国仍有一批教师在国外教授汉语,"文化大革命"前出版的教材已被当作"封、资、修"的东西加以批判,不能继续使用,在国外任教的教师都要自编教材,既增加了负担,又不能保证质量。为了解决国外教学的急需,当时主管此项工作的对外经济联络部委托原北京语言学院和北京大学、南开大学的教师于1971年夏成立了编教组,负责编写出国汉语教材。周恩来总理得知国外急需汉语教材,立即作了"速编速印"的指示,使这套教材能够迅速编成并顺利出版。编教组由吕必松任组长,李忆民任副组长。《基础汉语》组由赵淑华、王还负责,教材上册经朱德熙审定,下册经吕叔湘审定。《汉语读本》组由许德楠、张维负责,教材经吕叔湘审定。

由于《基础汉语》是1965年试验教材的修改本,《汉语读本》也是以原来的短文教材为蓝本编写的,所以这套教材实际上代表了这一阶段的教学理论和教学方法,是"实践性原则"和"相对直接法"的直接体现。

《基础汉语》共66课,前12课是语音部分。前7课教完全部声、韵、调,第八课为"难音练习",第九课为"难调练习"。从第三课开始出现生词和一部分生词的汉字,并结合这些汉字的书写介绍"汉字字素"。从第八课开始是"短句练习"。语音部分跟《汉语教科书》的主要区别是:突出难音、难调的练习,针对性更强;增加了生词、短句和汉字教学的分量,尽量结合词和短句进行语音练习;语音知识的介绍更为简明,未附发音部位图。从第十三课开始为语法部分。每课编排体例是:一、范句;二、课文;三、生词;四、语法;五、练习;六、汉字表。编写体例的变化代表了教学法指导思想的变化。范句代表语法点,以范句开头,是要求通过范句使学生掌握汉语的语法规则,以减少语法知识的讲授。把课文提到生词之前,是要求在课堂教学中以课文为主,生词要求学生课前预习,课堂上只作检查和结合范句及课文中的句子进行练习,不作为知识一个一个地讲解。把语法移到课文之后,是为了降低语法知识的传授在课堂教学中的地位。语法解释有外文翻译,学生可以在课前、课后自己学习,不必在课堂上作详细的讲解。课堂上只结合范句进行语法点的练习,等学生有了一定的感性知识之后,再对语法规则加以适当的归纳,以起到画龙点睛的作用。此外,对语法点也作了大量的压缩,由《汉语教科书》的196项压缩到105项。语法点的选择也有较大的变化,突出了学生的难点,不求系统。对每个语法点的解释进行了反复推敲,力求更加确切、简明、实用。有些语法点用图表表示结构和组合规则,显得更加明了、简洁。范句和课文中的语句力求规范,尽量避免生造的句子。所有这些,不但反映了对实践性原则的认识,而且也是《汉语教科书》以后新的教学经验的总结。"这套教材的贡献,在于突出和强调了实际语言在教材中的地位,以典型的范句体现语法规则,更有利于贯彻教学的实践性原则。"(任远,1985)"《基础汉语》的语法注释部分,与《汉语教科书》相比,确有较大的改进,更为符合对外汉语教学规律。"(赵贤州,1986)用今天的眼光看,《基础汉语》也有明显的缺点。主要是:(1)未能摆脱全书以语法为纲、每课课文以语法为中心的教学路子,这种教学路子不符合交际性原则的要求。(2)课文内容仍然以学校生活为主,围绕语法点编写的范句和课文,有不少句子并不是生活中真正使用的,只能算作"语法句子"。(3)上述缺点决定了这套教材的交际性、知识性、趣味性和实用性都不够理想。

《汉语读本》共 34 课,每课由课文、生词、词语例解和练习四部分组成,编写体例跟以前的短文教材没有区别。其中课文和词语例解有一定的特色。大部分课文都是经过改写的故事、小说和散文,个别课文是原文。在改写时每篇课文都经过许多人的手笔,每篇改写的课文都是集体创作,称得上"精雕细刻",所以语言规范、精练、流畅,这可算是一大特点。词语例解针对性强,所解释的词语经过精心选择,都是学生的难点。对每个词语的解释都经过反复推敲,力求确切、简明和适用。此书的主要缺点是:课文都是成篇文章,不利于培养学生的口语能力;语言过于死板,知识性和趣味性不够;由于是在"文化大革命"中编写的,受极左思潮影响很深,有浓厚的政治色彩。

北京语言学院复校后,又根据国内外的需要继续编写《汉语读本》三、四册,与上述《汉语读本》相衔接,1976 年出全。续编本每课增加了"近义词例解"和"语法小结",这两项内容也颇具特色。

《基础汉语》和《汉语读本》的主要历史作用是:(1)满足了国内外教学的急需。国外选用这套教材的除了中国出国教师以外,还有不少外国教师。中国恢复招收外国留学生以后的头几年,各院校也普遍使用。(2)这套教材在语法解释、词语例解、近义词例解等方面取得了较大的成就,成了以后编写对外汉语教材的主要参考,对汉语语法和词汇的研究也作出了贡献。

综上所述,这一阶段的对外汉语教学在前一阶段的基础上向前迈进了一步。但是在教学理论和教学方法上未能突破原来的框架。任远把60年代较为重要的教学法原则和依据的理论观点归纳成以下10点:(1)实践性;(2)交际性;(3)综合性;(4)培养全面发展的语言能力;(5)阶段性;(6)选择性;(7)对技能训练严格要求;(8)强化训练;(9)兴趣性;(10)加强个别指导。这一归纳大体上符合当时的实际情况。同时应当指出,上述教学法原则和理论观点基本上都是从50年代继承下来的,有的是50年代的原则和观点的延伸。其中有些原则和观点,如实践性、交际性、兴趣性,或者认识上还比较模糊,或者没有得到很好的贯彻。"用以指导教学的一些原则、方法,还缺乏应有的理论阐述和相互间的有机联系,贯彻得也不平衡。整个教学带有过分倚重局部经验,偏于主观、保守的倾向。尽管如此,通过长期教学实践而积累的经验,仍然是一笔宝贵的财富。"(任远,1984)这一评价是中肯的。

第三节 探索阶段:70年代初到80年代初

这里所说的"探索",是指在交际观念和实践性原则的指导下,学习和借鉴国外语言教学的理论和方法,针对中国对外汉语教学中存在的问题,探索新的教学路子。

这一阶段教学指导思想的变化之一是对实践性原则的新的认识。1974年吕必松在对来访的美国语言学代表团的报告中阐述了"实践第一"的观点,并指出:"我们今天强调的实践性原则,不但包括教学方法,而且包括教学内容和教学组织形式;不但体现在教学过程中,而且体现在教材中。也就是说,它贯串在整个教学体系中,是我们进行汉语教学的一个基本原则。"(吕必松,1977a)吕必松在另一篇文章中又说:"所谓实践性原则,简单地说,就是根据辩证唯物论的认识论的原理,组织和引导学生通过大量的、自觉的实践来掌握汉语,以培养他们运用汉语进行交际的能力。"(吕必松,1977b)这里指出了教师的作用在于"组织"和"引导",实际上是主张把学生放在中心地位。

这一阶段对实践性原则的解释实际上是受交际观念支配的。实践性虽然是语言教学的一条重要原则,但不是所有的实践都有利于培养学生的交际能力。实践与理论是一对相关的概念,强调实践性,是为了说明跟理论相比,实践处于第一的地位,理论必须为实践服务。但是语言教学中的实践,实际上有交际性实践与非交际性实践的区别。只有利用有交际价值的语言材料进行交际性练习,才是交际性实践,而利用没有交际价值的语言材料(例如"这是书,那是本子")进行机械性练习则属于非交际性实践。这一阶段在阐述实践性原则时,着重提出了贯彻实践性原则的目的是为了更好地培养学生运用汉语进行交际的能力。同时指出:课堂实践要以社会实践为基础,为社会实践服务,与社会实践相结合;教学内容要符合学生参加社会实践的需要。"学生的语言实践,包括课堂实践和社会实践两个方面。人们学习语言的目的,是为了在社会中进行交际,所以课堂实践归根到底是为社会实践服务的。课堂实践不为社会实践服务,就是无的放矢;而课堂实践只有以社会实践为基础,与社会实践相结合,才能更好地为社会实践服务。"(吕必松,1977a)这里所说的"以社会实践为基础",是指必须紧密地结合学生社会实践的需要来确定课堂教学的基本内容。"实践证明,学生学习的积极性和教学内容在社会实践中应用率的高低,是决定教学效果好坏的非常重要的因素。而学生积极性的高低,又是跟教学内容是否符合他们社会实践的需要密不可分的。教学内容符合学生社会实践的需要,可以激发学生学习的积极性,并使课堂上学到的东西能在实际应用中及时得到复习巩固。这是我们汉语教学中一条不可忽视的规律。"(吕必松,1977a)北京语言学院1982年制订的《汉语预备教育教学计划(试行)》明确地指出:"实践性原则是我们从事汉语预备教育的基本原则。从课程设置到教材编写、课堂教学以及测试等,都必须贯彻这一原则。实践性原则的基本内容是:针对学生的交际需要选择语言内容和语言材料;按照辩证唯物论的认识论的原理,组织、引导学生通过大量的、自觉的语言实践来掌握语言;通过灵活多样的教学方法尽快地培养学生实际运用语言的能力。"这些观点实际上已包含了交际性原则的基本指导思想。

吴勇毅、徐子亮在评论实践性原则时指出:"值得引起大家注意的是,作为对外汉语教学的基本原则,提出实践第一的观点包含着对直接教学法理论的修正,同时也应看到,修正的理论根据并不是作为句型理论基础的行为主义心理学的刺激反应学说和经验主义的哲学以及机械主义的语言学说,而是辩证唯物主义的认识论。"(吴勇毅、徐子亮,1987)正确地指出实践性原则的全面含义和理论依据是完全必要的。

在语言教学中,教学内容和教学方法是一个问题的两个方面。以传授语言内容为出发点必然带来以语法、词汇为中心的教学方法,这种方法束缚了人们的思想,课文为语法、词汇服务好像是天经地义的事情。因此,要改革教学内容,就必然要同时改变教学方法。"紧密地结合学生社会实践的需要来确定课堂教学的基本内容,就必然要打破旧的脱离实际的'科学系统',而代之以新的符合实践性原则的科学系统。"(吕必松,1971a)前一种科学系统是指在"语言学倾向"指导下形成的语言学系统,后一种科学系统是指要努力建立的语言教学系统。因为语言教学不但要受语言规律的支配,而且要受语言学习规律和语言教学规律的支配,所以决不能以语言系统代替语言教学系统。如何建立语言教学的科学系统,正是这一阶段要探索的中心课题。

为了探索新的教学路子,北京语言学院在这一阶段结合总结多年的教学经验和学习国外的语言教学理论及教学方法,开展了一系列的教学试验。

"文化大革命"之前,我们对国外的听说法略有所闻。"文化大革命"期间,《英语900句》在国内广为流行,引起了我们的兴趣。北京语言学院复校后,立即着手试编结合句型教学的新教材(由李德津主持),定名为《汉语课本》。1974年开始在少数班试用,根据试用的经验修改后,1975年在校内铅印推广,取代了《基础汉语》和《汉语读本》(上、下册)。

《汉语课本》共4册,一、二册共44课,1977年由商务印书馆出版,前12课侧重于语音,每课的编排体例是:一、课文;二、生词和汉字;三、练习;四、注释;五、汉字表。第一课另有汉字笔画表和汉字笔顺表。每隔4课有一个复习,不计在课数之内。从第十三课开始侧重于句型、语法,每课的编排体例是:一、替换练习;二、课文(一);三、课文(二);四、生词;五、会话;六、注释;七、汉字表;八、练习。在"替换练习"前用方框标出代表本课句型的典型句子。每隔5课或6课有一个复习,也不计在课数之内。第二册附有"基本语法复习提纲""词类简称表""词汇表"和"繁简字对照表"。三、四册共32课,每课的编排体例是:课文,生词,词语练习,课文练习,阅读课文,(阅读课文的)生词。另有6个语法复习。

跟《基础汉语》和《汉语读本》(上、下册)相比,《汉语课本》的主要变化是：

（1）淡化了传统教材中截然划分的语音阶段、语法阶段、短文阶段的界限，加强了教学的整体性和连贯性。第一课就开始教会话，通过"语流"教语音，改变了传统教材中过分注重语音本身的科学系统的教学路子，根据对实践性原则的新的理解，使语音教学和培养学生的说话能力紧密地结合起来。相当于过去短文阶段教材的三、四册继续进行语法教学，使语法教学贯穿一个学年的始终，使过去语法阶段大大压缩了的语法教学得以展开，有利于提高学生运用语法规则的熟巧程度。

（2）引进了句型教学的方法，但又不是单纯的句型教学，而是把句型、课文和语法结合起来。当时虽然对汉语句型的研究还很不充分，但是试验的结果表明，结合句型进行教学有利于加强听说训练，有利于提高学生的口头表达能力。作为句型操练的主要手段的"替换练习"，丰富了汉语教学的练习方式。

（3）一、二册中的语音、语法知识都以"注释"的形式出现，表明教学的目的是让学生掌握语言，而不是掌握语言知识，介绍语言知识是为了让学生理解规则，只有在需要处才加以注释。三、四册的"词语练习"把语法、词汇知识的介绍和语言点的练习结合起来，更有利于提高运用语言的能力。练习方式是根据对不同语言点的不同的练习要求设计的，有替换练习、填空、造句、完成句子、改写句子、变换句式等，不但形式多样，而且实用性更强。

（4）一、二册每课单设一项会话，三、四册每课有阅读课文，从而使口语和阅读教学得到了加强。一、二册每课有两篇课文和大量的替换练习，三、四册"词语练习"部分也有大量的练习材料，跟过去的教材相比，语言材料大大增加。

（5）第一次在基础阶段教材的课文和练习中配有插图，增加了教材的直观性和生动性。

跟以前的教材相比，《汉语课本》反映的生活面有所扩大，一、二册基本上克服了同一阶段的老教材都以学校生活为主的通病。但是由于历史的原因,整套教材充满了政治说教。当时学校普遍实行"开门办学",对留学生的汉语教学也不例外,而且把"开门办学"当作"贯彻实践性原则的主要途径"(吕必松,1977a)。这套教材的许多内容是为了适应"开门办学"的需要,便于学生到工厂、人民公社、街道、部队等处进行"参观访问"而编排的。组织学习汉语的外国留学生接触中国社会,在社会活动中学习和应用汉语,本来是课堂教学的很好的补充形式,当时也确实取得了较好的教学效果("文化大革命"前也有类似形式的"语言实践活动")。但"文化大革命"期间极左思潮盛行,一切都是"以阶级斗争为纲",什么都要以"政治路线"划界,"开门办学"也成了"无产阶级教育路线"的标志。语言实践活动一旦纳入了以"路线斗争"为出发点的"开门办学"的轨道,就必然要塞进政治内容,打上政治烙印。正因为这套教材有浓厚的政治色彩,所以"'寿命'比较短"(任远,1985)。其中三、四册只是在校内铅印使用,未能正式出版。尽管如此,这套教材在探索新的教学路子方面毕竟起到了开路的作用,在教学方法上的许多创新对以后的教材编写产生了广泛的影响。80年代在国内外影响最大、使用面最广的《基础汉语课本》就是以这套教材为蓝本编写的。

《基础汉语课本》(外文出版社,1980—1982)共 5 册,是一部集历年教材之大成的著作。在编排体例、通过语流教语音、结合句型教语法、在课文和练习中配备插图等方面,都直接继承了《汉语课本》的做法。同时在以下几个方面作了改进:

(1)初步摆脱了极左思潮的影响,摈弃了《汉语课本》中的大部分"政治"内容。

(2)加强了语法的系统性,但又不失简明。语法点的解释吸收了新的教学经验和研究成果,针对性更强,对许多语法点的解释也更加准确。

(3)对课外练习部分更加重视,不但练习量大大增加,而且在练习方式上也有所创新。

(4)从第四册开始,增加了一项"近义词例解"。

《基础汉语课本》跟《汉语课本》的其他不同点是:《汉语课本》中淡化了语音、语法和短文三个阶段的界限,在本书中又有所恢复。语音阶段压缩为8课,恢复了发音部位图,从第二课开始出现课文,整个语音阶段的课文内容比《汉语课本》简单。语法阶段把"注释"恢复为"语法",取消了"会话"一项,语法的系统性有所加强。第四册和续编(相当于第五册)恢复了原短文阶段教材(即《汉语读本》)的编法,取消了"词语练习"和"阅读课文",增加了"近义词例解"一项(《汉语读本》的"近义词例解"从第三册,即二年级用教材开始)。由于语法阶段取消了"会话",短文阶段取消了"阅读课文"和"词语练习",全书的语言材料比《汉语课本》大大减少。

《基础汉语课本》的主要缺点是:由于是在粉碎"四人帮"之后不久开始编写的,所以虽然摈弃了大部分"政治"内容,但是仍留有一部分极左思潮的痕迹和"文化大革命"的烙印;前三册,即语音和语法阶段,课文内容又回到了以学校生活为主的轨道,知识性和趣味性较差;跟《汉语教科书》和《基础汉语》一样,有些语句全然是为练习语法点而编写的,不够自然和真实,这就决定了语言的实用性也较差。看来这套教材的着眼点是力图汇集各部对外汉语教材的优点,尽量避免尚有争议或没有把握的做法,所以在教学方法上显得趋向于稳健和保守,缺少创新。

上述缺点并不影响《基础汉语课本》的历史价值。由于集中了各种对外汉语教材的大部分优点,它是到那时为止按照结构法的路子编写的一部最成熟的教材。特别是语法点的编排和解释,把研究成果和教学经验融为一体,其科学性、针对性都是以前的教材所无法相比的。

在对外汉语教学中,如何处理听说和读写以及听和说、读和写的关系,一直是一个有争议的问题。这个问题外语教学中也有,但在汉语教学中显得更为突出。现代汉语的口语和书面语基本上是一致的,但也存在着明显的差别;汉字形音脱离,造成语言和文字的尖锐对立。口语和书面语、语言和文字的这种矛盾,反映到教学中来,就形成了听说和读写的矛盾。研究如何处理听说和读写的关系,就是为了解决这样的矛盾。这里实际上有两个方面的问题。一是教学要求:对听、说、读、写四种语言技能应当全面要求,还是应当有所侧重?二是教学方法:是"语文并进"好,还是"先语后文"好?是"综合训练"好,还是按语言技能分课型训练好?如果按语言技能分课型练,也有一个齐头并进还是有先有后和孰先孰后的问题。历史上争论的老问题没有能够从理论上加以说明,新的问题又提出来了,理论上一时也难以解决,只能通过教学试验来寻找答案。70 代初到 80 年代初围绕这些问题以及如何加强语言技能训练和培养学生的交际能力等问题开展了多次教学试验。

1. 关于直接用汉字教语音和汉字教学提前的试验。

过去在两周左右的语音阶段,主要是通过拼音教语音,基本上不出现汉字或只出现少量汉字。有些教师认为,母语文字为拼音文字的学生,通过拼音学语音要受母语文字的干扰,出现洋腔洋调跟母语文字的干扰有一定的关系。因此,主张直接用汉字教语音,使学生通过对汉字发音的强迫记忆掌握汉语语音。等语音基本过关以后再教拼音,这样拼音只作为给汉字注音的工具,而不作为练习发音和说话的工具。这些教师还认为,一开始就教汉字不会给学生带来不可克服的困难。北京语言学院恢复招生的第一年,即 1973 年秋季,就上述设想在一个阿尔巴尼亚班进行了试验。参加这次试验工作的有王德佩、刘广徽、赵永新、吕必松等。基本做法是:在头两个星期内,生词和课文全部用汉字,不出现拼音,然后用两天的时间教汉语拼音方案。试验结果取得了一般人难以相信的效果:在与学习《基础汉语》相同的时间内,学生不但掌握了一百多个汉字和几十个句子,而且也掌握了汉语拼音,语音语调至少不比由同一个国家的学生组成的平行班的学生差。这次试验初步证明,一开始就教汉字和直接用汉字教语音是可能的。可惜的是,由于客观上的原因,这一试验只进行过一轮,也未进行认真的总结。

2. 关于分听说和读写两种课型进行教学的试验。

历来基础阶段(即一年级)的教学都是以一门精读课为主。《汉语教科书》和《基础汉语》阶段精读课由两名教师承担,一人教"讲练",一人教"复练"(又从"复练"课中分出一节作为汉字课);从《汉语课本》开始,由于教材发生了变化,改为一人教句型、语法,一人教课文(也有按一人教一课分工的)。从短文阶段开始,陆续增加听力、口语、阅读等课型,这几种课型的周课时二至八节不等。整个 70 年代,基础汉语阶段课程设置的大致情况可用下表表示:

基础汉语阶段课程设置表

第一阶段 (5周零4天)		第二阶段 (14周)		第三阶段 (16周)		
课型名称	周课时	课型名称	周课时	课型名称		周课时
精读	24	精读	20	精读	文科班	8
					理工班	16
					西医班	
					中医班	
		听力	2	听力	文科班	4
					理工班	
					西医班	
					中医班	
		口语	2	阅读	文科班	8
					理工班	4
					西医班	
					中医班	

这样的课程设置计划存在的主要问题是:

(1) 精读课教学困难多。由于教学任务过于集中,教学内容过于庞杂,每堂课的教学环节都颇费安排,教学中难免顾此失彼。由于周课时较多,必须由两个教师分工授课,为了互相配合,两个教师必须经常联系。尽管如此,也难免削弱教学内容和教学环节的连贯性,并造成不必要的重复或遗漏。

(2)听力课、口语课和阅读课教学效果差。这三种课型所占比例都很小,得不到足够重视。教学要求不太明确,教材和教学方法很不完善,实际上并没有形成独立的课型。只有第二阶段开设口语课,周课时和总课时都很少,教学内容有限,学生迫切需要的日常生活用语不能及时学到,当教到有关内容时学生已在社会上学会,因此难以取得应有的效果。

(3)教学管理工作负担重。一学年分三个不同的教学阶段,每个教学阶段的课型项目都不一样,每种课型在不同的教学阶段的周课时也不一样,因此每个班一年至少要换三次课表,有时还要对任课教师和上课教室作必要的调整。北京语言学院每年都有几十个基础汉语班同时上课,学生入学先后不一,各班教学进度不同,仅更换课表、调整任课教师和上课教室这几件事就要占去很多时间,使有关的管理人员忙得不可开交。

为了解决以精读课为主进行"综合教学"带来的问题,北京语言学院于1975年进行了一次分听说和读写两种课型进行教学的试验,当时叫作"两条线"教学试验。参加这项试验工作的有王学作、黄政澄、刘岚云、王砚农、李清华、吕必松等。具体做法是:在最初两周左右的时间内利用汉语拼音教发音和简单的日常生活会话,基本上不教汉字。然后分听说和读写两种课型,每天上四节课,头两节教听说,后两节教读写,叫"听说先行"。读写课教汉字认读、书写、朗读和阅读,后期还教写作。特别重视构字法和构词法的教学以及阅读速度的训练。听说课的重点是结合语音、词汇、语法教学进行听说训练,特别重视听力训练。听说课本前期不出现新汉字,只出现读写课中学过的汉字,没有学过的汉字用拼音代替。两三个月以后逐步过渡到听说课本也全部用汉字。学年考试的结果表明,教学效果不错,特别是听和读的能力比同一类型的其他班的学生要强得多。试验第一次证明:在对外国人的汉语教学中把听说和读写分开来教不但

是可能的,而且会取得更好的效果。但由于是第一次试验,也出现了不少问题。主要问题是:

(1) 准备教材的时间太短,大部分教材是一边上课一边编写的,来不及推敲和修改,一使用就发现有不少问题。

(2) 由于采用了"听说先行"的办法,有些词学生是根据拼音学的,过几天学习用汉字写的同一个词时,不能直接把字形和词义联系起来,实际上要当作生词重学一遍,无形中增加了学生的负担。

由于人员变化和意见分歧等种种原因,这一试验也只进行了一轮。值得强调指出的是,历来的对外汉语教学实际上都是从语言内容(即语音、语法、词汇等,外加汉字)出发,首先考虑的是语言内容的组织和编排,然后按照编排好的语言内容进行语言技能的训练。这次试验第一次从语言技能(即听、说、读、写)出发,首先考虑的是如何进行语言技能的训练,然后按照语言技能训练的要求组织和编排语言内容。这实际上是教学指导思想上的一次突破。

3. 关于改革精读课、加强听力和阅读教学的试验。

这项试验的主要目的是为了克服当时的通用教材的缺点,以便加快培养学生的语言能力,特别是对入系学习专业最为重要的听、读能力。鲁健骥在谈到这项试验的目的时说:"我们目前的教学,从内容到方法(包括教材、教学方法和测试方法等),则偏重于语言知识的传授,而不适于语言能力的训练。""自60年代以来(实际上是自70年代以来——引者注),我们的教学受到正规外语教学和新的外语教学法潮流(特别是听说法、视听法)的影响,一直强调'听说读写全面要求,突出听说'。这样的要求并不完全适应汉语预备教育的任务。正确地说,'听说'只是教学最初阶段的重点,就整个预备教育阶段来说,'听读'才是教学重点。……但目前的教学,包括教材,都不是以此为出发点进行安排的。"(鲁健骥,1983)针对教学中存在的上述问题,这次试验力图以培养学生的语言能力为出发点安排教学内容,努力加强听力和阅读能力的训练。试验达到了预期的目标,

特别是在听力和阅读能力的培养方面取得了令人鼓舞的教学效果。(见鲁健骥,1983)

参加这项试验的编教人员有鲁健骥、李继禹、刘岚云、丁永寿、黄政澄、邱衍庆、肖秀妹、李世之等,由鲁健骥主要负责,任课教师有王德佩、肖秀妹、朱竹、李世之等。1979年2月开始编写教材,次年9月开始在两个班试用。当时编出的主干教材是《初级汉语课本》(第一学期使用)和《汉语精读课本》(第二学期使用)。这两部教材的编者在设计教材时没有考虑改变当时统一的以精读课为主的课型设计,但由于要突出语言技能的训练,而且吸收了1975年试验教材(黄政澄、刘岚云参加过编写)的长处,编出的教材不适合按原来的课型组织教学。所以在试教的过程中,任课教师主动改变了原来的课型设计,减少了精读课的课时,相应增加了听力课和阅读课的课时,并根据教学需要,临时编写了听力和阅读教材,作为对《初级汉语课本》和《汉语精读课本》的补充。当时的课型设计大致如下表(引自鲁健骥,1983):

第一学期		第二学期	
课型名称	周课时	课型名称	周课时
听说	12	精读	8—10
听力理解	6	听力理解	4
汉字读写	6	阅读理解	4
合计	24	合计	16—18

后来为了减轻教师的教学负担,全系统一规定把周课时减少为20节,同时规定提高对学生课后学习的要求,以弥补减少课时所带来的损失(注:由于对课外学习的要求未能落实,从1989年开始,周课时又恢复到24节)。根据新的课时规定,试验班的课型设计也作了相应的调整。从1981年5月开始,根据试验中发现的问题,对各项教材陆续作了必要的修改,形成了一套与课型设计相一致的系列教材,由北京语言学院出版社

从1986年开始陆续出版。课型设计与各课型使用的教材如下表：

课型名称	周课时	教材
精读	10	初级汉语课本 （1988，共3册）
听力理解	5	初级汉语课本·听力练习 （1986，共3册）
汉字读写 （第一学期）	5	初级汉语课本·汉字读写练习（1986—1987，共2册）
阅读理解 （第二学期）	5	初级汉语课本·阅读理解 （1989，共1册）

从课型设计到教材编写，这次试验体现了新的教学指导思想和新的教学路子。主要是：

（1）进一步强调加强语言技能的训练和注重培养学生的语言能力，主张汉语预备教育对听、说、读、写四项语言技能在总体上全面要求，在不同的教学阶段各有侧重，即"第一学期侧重于听说训练，第二学期侧重于听读训练"（鲁健骥，1983），改变了曾流行一时的"全面要求，突出听说"的提法。这一主张代表了当时比较一致的看法。北京语言学院1982年制订的《汉语预备教育教学计划（试行）》在"正确处理听、说、读、写的关系"一项中指出："学生在中国生活和学习专业，必须掌握听、说、读、写四种语言技能。这四种语言技能既有联系，又有区别。有联系的一面要求在教学中促使各种语言技能互相促进；有区别的一面又要求通过不同的课型、不同的教学环节和不同的教学方法来训练不同的语言技能。由于学习专业对用于吸收新知识的听、读能力要求更高，因此必须在教学的总体安排上注意在听、说、读、写全面要求的前提下加强听、读训练。"

（2）为了加强语言技能的训练和更有效地培养学生的语言能力，这次试验首先从语言技能训练的角度出发设计课型，然后根据各课型不同的教学要求和不同的教学特点安排教学内容和编写教材（虽然刚开始编写教材时没有考虑课型设计,后来是根据新的课型设计修改教材的,所以最后定稿的教材实际上是根据新的课型设计编写的),这跟1975年试验时的思路是一致的,而跟过去从语言内容出发首先编写教材、然后根据教材组织课堂教学的做法完全不同。这一新的做法在对外汉语教学上的重要意义在于:它不但为改变单纯的语言学路子和打破单纯的语言学系统找到了一个突破口,而且对从宏观上理顺对外汉语教学业务中的各种关系有启发作用,为后来对外汉语教学界提出总体设计的理论创造了条件。

(3) 为了加强听、读能力的训练,大大减少了精读课的课时,相应地增加了听力理解、汉字读写和阅读理解的课时,对以精读课为主的教学路子作了较大改进。这一做法从教学实践上为后来进一步开展按语言技能划分课型的教学试验提供了新的依据。

根据新的教学指导思想和新的教学路子编写的教材有许多明显的特点。主要特点是:

(1) 以《初级汉语课本》为主干教材,其他三种课本与之配套,形成了一个教材系列。这是中国最早编写的对外汉语系列教材。

(2) 《初级汉语课本》用于进行听、说、读、写的综合训练。一、二册为第一阶段(相当于过去的语音、语法阶段),课文都是会话体。第三册为第二阶段(相当于过去的短文阶段),课文多为叙述体。第一阶段语音教学贯穿始终,消除了语音阶段和语法阶段的界限,并增加了一项语调教学的内容;全书正文前附有"汉语元音和辅音发音说明",跟其他教材分散在各课加以说明的做法也不同。语法贯穿两个阶段,消除了语法阶段和短文阶段的界限,语法难点更加分散,讲解更加简明,也更有针对性,并注意介绍用法。全书课文内容涉及的生活面较广,打破了初级阶段的教材以学习和学校生活为主的选材框框,突出了日常生活和社会生活用语,也较少有为了图解语法规则而生造的不自然语句,具有较强的真实性和交际性。一、二册每课课文前有语境说明,有助于使学生进入交际环境。有些课文后附有注释,内容包括:与文化有关的习惯表达方法;不要求在初级阶段掌握的较难的语言现象或有意"冒出"不在本课专门讲解的语法点；口语习用语。练习的内容较为丰富,形式多样,有些项目属于交际性练习。通过注释介绍交际文化和安排交际性练习等做法是此书首创。

(3)《初级汉语课本听力练习》是中国最早编写的真正具有专项技能教材特色的汉语听力教材之一。要进行语言技能训练,必须有适当的练习内容和练习方式。听的活动是一种接受信息的过程,只有首先理解才能获得听到的信息。因此听力教学的重点应是帮助学生提高理解信息的能力。但是过去编写的各种听力教材多半只有课文和生词,课堂练习主要是听录音、回答问题和复述课文,使学生完全处于一种被动地听和强迫记忆的状态。直到80年代初,才有少数教师开始研究听力教学和听力教材的编写。《初级汉语课本听力练习》正是在这样的情况下开始编写的。其主要特点是:从语音、语法、词汇等不同的角度训练学生的听力。语音方面有模仿性练习,如跟读、边听边说等；有辨别声母、韵母、声调、音节、重音、语调等的练习,如听后画出声母、听后画出韵母、听后画出声调、听后画出音节、听后标出重音等。语法、词汇方面主要是理解性练习,如听后选择正确答案、听后回答问题等,通过说和写的方式检查学生是否理解。也有一些练习把听和写、听和说结合起来,如听写、用听到的词说话。前者可以认为是为了培养学生听课记笔记的能力,后者似不属于听力教学的任务。

(4)《初级汉语课本汉字读写练习》的目的是培养学生认读和书写汉字的能力及阅读能力。每课由汉字知识、生字表、阅读、练习等若干部分组成。"汉字知识"结合每一课学习的内容简要地介绍汉字的构成、汉字的笔画和笔顺以及偏旁部首等。有针对性地介绍汉字知识,可以使学生在理解的基础上认读和书写汉字,尽快掌握汉字规律,符合成年人学习的特点。"生字表"继承了汉字教学的传统方法,列出本课全部生字,对每个字的结构和笔画、笔顺加以分解,使学生容易学会书写方法。书后附有描写和临写练习。汉字的选择贯彻由易到难的原则,先出独体字,后出合体字,复杂而常用的汉字放在后期教,复杂而不常用的汉字不教。"阅读"内容与《初级汉语课本》不完全一致,只作适当配合,没有学过的汉字用拼音代替。"练习"形式多样,内容也比较丰富,有形体结构方面的练习,也有认读和书写方面的练习。《初级汉语课本·汉字读写练习》[1]的最大特点是把汉字知识的教学同汉字的认读、书写和阅读教学有机地结合了起来,创造了一个新的汉字教学系统,即"理解—认读—书写—阅读"系统。

（5）《初级汉语课本·阅读理解》[2]共40课,每课由课文、生词和练习三部分组成,书后附有词汇索引。此书最大的特点是在语言材料的选择方面突出了交际性原则,课文题材广泛,体裁多样,知识性（包括社会文化知识）、趣味性和实用性都较强,突破了以文学作品为主的旧框框。第一次在阅读教材中选用了较多的应用文,如火车时刻表、日历、请柬、证书等等,既新颖又实用,能够引起学生的兴趣,可见编者有独到的选材眼光。课文的长度和难易度控制得也较好,编排方式不拘一格,颇具匠心。各课练习的项目有：根据课文内容选择正确答案、根据课文内容填空、理解句子、用中文解释词语、回答课文问题。大部分练习是根据培养阅读理解能力的要求设计的。

以上几次试验在探索新的教学路子方面发挥了不同程度的积极的作用,某些试验结果的意义可能现在还认识不透。不过,仍具有基础研究的重大意义。当然,这几次试验也有明显的缺点,主要是：

（1）在试验之前没有进行理论上的论证,也缺少严格的试验计划,基本上是从经验出发,从而影响了试验的广度和深度。

（2）对试验过程和试验结果不是没有总结,就是总结不够,有的半途而废,影响了人们对试验价值的理解和认识。

---

[1] 鲁健骥.初级汉语课本·汉字读写练习.北京：北京语言学院出版社,1986.
[2] 北京语言学院来华留学生三系.初级汉语课本·阅读理解.北京：北京语言学院出版社,1989.

（3）对比试验班和非试验班的教学效果时,基本上是凭直觉,缺少严格的定量分析,因此关于利弊得失的说服力不够强。这主要是由于对学生的学习成绩和达到的水平缺少科学的测量手段。

第四节 改革阶段:80年代初以来

80年代初以来,中国的对外汉语教学出现了一派改革的新形势。原因是:

1. 自70年代以来,来自西方国家的留学生日益增多,原来适用于亚洲国家和其他地区发展中国家学生的教学内容和教学方法,明显地不能适应西方国家学生的特点。广大教师越来越感到,不改革没有出路。

2. 在改革开放的总形势下,随着国外语言教学理论和教学方法的大量引介,人们感到思想受到新的启发。在看到差距的同时,也越来越感到我们自己的经验和前一阶段所进行的探索,跟世界语言教学理论和教学方法的发展趋势是一致的,只要通过改革加快前进的步伐,就可以在不太长的时期内赶上甚至在某些方面超过把本族语作为外语或第二语言教学的世界先进水平。

3. 跟国家改革开放、搞活的政策相一致,教育改革也开始起步,对外汉语教学的改革正是顺应这股历史潮流。

对外汉语教学改革的目标是:努力向科学化、规范化、标准化的方向发展,为赶上甚至在某些方面超过把本族语作为外语或第二语言教学的世界先进水平打好基础。改革的内容是多方面的,教学方法的改革最重要有以下几点:

1. 引进功能法,探索结构与功能相结合的教学路子。

从60年代末、70年代初开始,欧美一些国家的语言学进入了一个转变时期,即由重视语言结构形式的研究发展到重视语言的意义和交际功能的研究。进入70年代以后,欧洲共同体各国之间的交往日益频繁,互通对方的语言已成了迫切需要。人们感到,当时流行的教学方法(主要是听说法和视听法)不利于培养学生的交际能力,教学效果不够理想,要加快培养能够适应交际需要的外语人才,就必须对教学方法进行改革。从

1971年开始,欧洲共同体所属文化合作委员会组织了一批语言学家和语言教学专家集体研究制订了几个新的教学大纲,最早的有《入门阶段》(*The Threshold Level for Modern Language Learning Adults*,1974)和《英语初阶》(*Waystage English*,1977)。这就是在新的语言学背景下,为了适应新的教学需要而制订出来的第一批以功能教学为特征的教学大纲,后来人们把这类大纲叫"功能大纲"(functional syllabuses)或"意念大纲"(notional syllabuses)或"功能—意念大纲"(functional-notional syllabuses)。这类大纲和根据这类大纲编写的教材所体现的教学方法,后来被叫作"功能法"(functional approach)或"功能—意念法"(functional-notional approach),或"交际法"(communicative approach)。

功能法是一种全新的教学路子(approach),其主要特点是把培养学生的交际能力作为教学的目的和手段,以功能、意念项目为纲编排教学内容,功能、意念项目的选择从学生的实际需要出发。这种新的教学法于70年代中期传到中国,当时有个别院校的英语专业进行试验。到70年代末和80年代初,中国对功能法的介绍越来越多,一些用功能法编写的教材,如《焦点英语》(*English Focus*)、《核心英语》(*Kernel English*)、《主线》(*Mainline*)等,被一些院校的英语专业直接选作课本,《跟我学》(*Follow Me*)则由中央电视台选作英语教学片向全国播放。1981年,英国教学法专家亚历山大来华讲学,对功能法作了较为全面系统的介绍,使我们对功能法有了更加具体的了解。功能法的一些原则和方法使我们受到了启发,开阔了思路和眼界。中国对外汉语教学界在整个70年代所进行的探索,以及在探索中得到的启发和积累的经验,特别是对培养交际能力的重要性的认识,跟功能法的基本原则实际上是不谋而合,所以这种方法介绍到中国以后,很快就受到了对外汉语教学界的重视。从70年代末、80年代初开始,就有一批零起点的教材编排了功能项目,增加了语用教学的内容和交际性练习项目,也有个别中级教材用纯功能方式编写。

第一部吸收功能法优点的教材是北京语言学院语言教学研究所编

写、由商务印书馆出版的《实用汉语课本》。这是一套针对国外教学需要而编写的课本,全书共6册,分基础、中级、高级三个阶段,有英、法两种语言的译释本。一、二册有汉字练习本与其配套。

《实用汉语课本》一、二册(1981)[①]是基础阶段的教材,共50课。第一册第十八、第二十四和第三十课及第二册逢五、逢十的课为单元复习课。前12课在会话和句型教学的同时,比较集中地编排了语音和声调训练的内容。第十二课以后除了语音和声调以外,还增加了语调练习。从第三课开始介绍语法。前12课每课的编写体例是:一、课文;二、注释;三、语音练习与会话练习;四、语音;五、语法(从第二课开始,但不是每课都有这一项)。从第十三课开始,每课的体例是:一、课文;二、注释;三、替换与扩展;四、阅读短文;五、语法;六、语音语调(第二册不是每课都有这一项)。全书各课的生词和补充生词(从第五课开始每课有补充生词)附在每课的课文之后,关于语音、语调的练习附在"语音"或"语音语调"项后,关于语法的练习附在"语法"项后。每课后附有汉字笔顺表,表中附有相应的繁体字,供学生对照认读。部分课后附有分别用英文和法文编写的总题目为"你知道吗?"的中国文化知识介绍专栏。

《实用汉语课本》和《初级汉语课本》系列教材都是1979年开始编写的。在努力使教材更适合于培养学生的交际能力这个根本问题上,两套教材的编者在指导思想上是一致的,所以这两套教材有共同的优点,在体现交际性特点上都有所突破。但由于两套教材的使用对象和编写方法不完全相同,所以也有各自的特点。跟《初级汉语课本》系列教材和以前出版的其他汉语教材相比,《实用汉语课本》一、二册的主要特点是:

(1)是进行听、说、读、写全面训练的综合教学课本。这是一套专为国外教学编写的教材,为了适应国外汉语教学的特点(大部分教学单位周课时较少,不可能按语言技能划分课型),保留了用同一课本进行听、说、

---

① 北京语言学院教学研究所.实用汉语课本.北京:商务印书馆,1981.

读、写全面训练的传统做法。

（2）精心设计课文的情境，突出交际环境。全书以两个学习汉语的学生在他们自己的国家（第一册）以及后来到中国（第二册）学习、生活和跟中国朋友交往的情况为话题，设计课文的语境和情节。围绕一定的交际环境组织的语言材料显得较为自然、实用，较好地克服了以前的教材中普遍存在的以学习和学校生活为主、课文为语法点服务、语言不够自然等缺点。

（3）采用结构、情境和功能相结合的方法。这部教材的"语法"部分有较为详细的语法讲解，并通过各个单元复习课中的"语法小结"对教过的语法点进行归纳，使语法知识系统化。在"替换与扩展"和"练习"中，不但有句型和语法练习，而且有大量以功能项目、情境或话题为中心的操练，较好地突出了交际性。在对外汉语教材中编排以功能项目为中心的练习以及采用结构（语法和句型）、情境和功能相结合的方法等，是这部教材的首创。

（4）加强了文化知识的教学。文化知识专栏"你知道吗?"设计新颖，所选28个专题的内容涉及历史、地理、语言、文字、文学、艺术、教育、社会习俗等广阔的领域，都是外国人感兴趣的题目。通过这些知识的介绍不但可以使学生提高学习兴趣，而且可以帮助他们更好地理解和掌握汉语。

《实用汉语课本》第三册（1986）和第四册（1987）是中级阶段教材，每册15课，每课由课文、会话、生词、词语例解和练习五部分组成。每隔5课有一个复习，不计在课数之内。第四册书后附有词汇表、词语例解索引和词语例解词汇表（收录本书"词语例解"部分用于解释词语的生词和语法术语，按课数和在每课中出现的先后顺序排列）。

大部分课文是围绕一对外国夫妇（一、二册中是一位外国学生的父母）在中国旅游和生活的情况编写的。全书通过这对外国夫妇在中国的所见所闻以及跟中国朋友的交往，介绍了中国的名胜古迹、历史地理、政治经济、文化教育、社会习俗等方面的情况。其他课文也力求既能较好地反映现实生活和中国文化,又能引起学生的兴趣。此书开辟了一条把语言教学和文化知识的传授结合起来的新的路子。

为了全面培养学生听、说、读、写的能力,"课文"部分逐渐增加了书面语的分量,同时通过"会话"部分继续进行口语教学。每课"会话"都以一定的功能项目、情境或话题为中心组织语言材料,保留了一、二册语言自然、实用、交际性强的特点,也体现了结构、情境和功能相结合的精神。

第三册每课的"练习"包括三个部分,即课文部分、会话部分、词语部分,第四册增加了写作部分。各部分都以应用性练习为主,练习量较大,练习方式经过精心设计。为了培养学生的交际能力,特别是成段表达的能力,创造了要求学生按照示例根据指定的情境或话题造句,并利用指定的词语围绕一定的功能项目、情境或话题进行会话等新的练习方式,从而改变了主要通过背诵或复述课文培养成段表达能力的状况。

复习课的设计有不少独到之处。主要的特点是重点突出,不面面俱到,练习方式也颇为新颖,不落俗套。重点是词汇,对学过的词汇分别按意义、用法、构词特点等加以整理归类,通过要求记忆、运用、分析构词特点、用汉语解释词义等多种方式进行练习,从而帮助学生强化记忆、加深理解或学会使用。

从上面的介绍可以看出,《实用汉语课本》不但继承了其他对外汉语教材的优点,而且及时地吸收了功能法的某些长处。从选材到练习内容和练习方式都经过精心设计,在贯彻交际性原则和加强文化知识的教学等方面进行了不少有益的创造,使对外汉语教材的编写原则和编写方法向前迈进了一步。因此,这部教材不但为探索新的教学路子作出了贡献,而且代表了到那时为止的综合教材的最高水平。

《实用汉语课本》的主要缺点是:一、二册每课的编写体例稍显凌乱,教学内容也似嫌庞杂。虽然重视文化知识的教学,但对跟语言的关系更为密切的交际文化介绍得很少。未能很好地区分功能、话题和情境,有些话题和情境当作功能项目处理,显得脉络不够清楚。许多功能项目实际上淹没在话题和情境之中,未能得到充分的练习。这主要是因为我们当时对功能法的研究还不够深入,也很少从功能的角度开展汉语研究,缺少必要的语言学基础。所以这方面的缺点只能看作是历史的局限性,教材的编者不能逾越。

中国第一部体现纯功能方式的对外汉语教材是南京大学邱质朴编著的《说什么和怎么说?》。这部书于1980年在校内油印试用,引起了学生的浓厚兴趣,受到普遍欢迎。油印本一版再版,为满足教学急需,1985年由卞觉非、于康根据作者的委托(作者当时在美国)做了初步修订,在校内铅印出版。后由作者本人做了大规模的修订,于1990年由江苏人民出版社正式出版。同年,日本京都大学文学部平田昌司教授的日译本在日本出版。

《说什么和怎么说?》以"意向"为主线编写,共分30个"意向单元",依次是:称呼、问候、介绍、请求、同意、反对、看法、感谢、致歉、打听、意愿、可能、不能、喜爱、不满、担心、意外、责问、申辩、困难、安慰、急切、后悔、必须、相信、怀疑、希望、假定、比较、插语。新版本在原有意向单元的基础上增列了77个次级单元。每个意向单元由语群分类表、例句、对话和练习四部分组成。"语群分类表"分表达方式和说明两栏,"表达方式"按照适用对象和适用场合等分类排列,在"说明"栏内根据需要对适用对象和适用场合等给予提示。"语群分类表"的作用是:"可以用它们来学你不会说的话,也可以用它们查你忘掉了的话"。"例句"部分"是某种意向表达方式的各种用法",即通过举例的形式说明本单元所列表达方式在什么情况下使用以及怎样使用。"对话"部分设立了一些小情境,通过这些小情境不但可以练习说话,而且可以"把正在学的表达方式理解得清楚点儿"。"练习"部分的内容包括根据指定的情境说话、填空、回答问题以及写对话和应用文等,所有的练习项目都是为了让学生应用本单元的表达方式。以上四个部分的排列顺序体现了这样的教学过程:展示→举例→在情境中模仿→在情境中应用。每前进一步又都可以加深理解。

这部教材的书名说明了它的教学目的,就是教给学生在什么场合对什么对象说什么、怎么说。它的教学对象是具有中等汉语水平的学生,"听、说、读、写都有过相当的训练"。这样的学生学习这部教材时,语音、语法和词汇都不会有特别的困难,围绕一定的"意向"(多半是功能项目)和情境,集中地学习说什么和怎么说,可以迅速提高表达能力,特别是提高表达的得体性。所以对具有中等汉语水平而又需要进一步提高口头表达能力的学生来说,这部教材是适用的。

《说什么和怎么说?》的作者搜集了大量的语言材料,第一次从"意向"的角度进行了整理归类,这是一次大胆的探索,不但便于学生学习,而且对汉语功能语法的研究有参考作用。要在对外汉语教学中更好地借鉴功能法,必须首先开展功能语法的研究。这当然是一项艰巨的任务,但是《说什么和怎么说?》的作者已率先开始了有益的探索。

2. 汉语预备教育的综合改革。

从80年代初开始,北京语言学院来华留学生一系理顺各种关系,在教学业务领域内进行了一系列改革。汉语预备教育方面的改革是综合性的,内容涉及总体设计、教材编写、课堂教学和测试等各个教学环节。其中最重要的改革内容是:

(1) 先后研究制订了理工汉语班、文科汉语班(一年级)、中医汉语班和西医汉语班的教学大纲以及包括课程设置计划在内的教学计划。针对不同的专业特点制订包括语法范围、词汇范围和功能意念项目的教学大纲,在中国对外汉语教学中是首次。对课程设置进行了全面改革,把以精读课为主的综合教学改为按语言技能划分课型。改革后的课程设置如下表。

汉语预备教育课程表

类型	课型名称			周课时
文科汉语班	读写			8
	听力			4
		说话		8
中医汉语班 (西医汉语班)	读写			8
	说话(听说)			8
		听力		4
理工汉语班	听说			8
	阅读			8
		听力		4

说明:从1989年开始,周课时增加到24节,新增的4节课,各班的安排尚不统一。

上述三种课型设计的共同点,也是跟原有课型设计的不同点,主要表现在以下两个方面:

一是按语言技能划分课型。即取消听、说、读、写全面要求的精读课,把不同语言技能的训练分散到不同的课型中进行。按语言技能划分课型是基于这样的认识:

不同的语言技能要通过不同的方法来训练。听、说、读、写是四种不同的语言技能。不同语言技能的习得方法不同。过去的精读课虽然要求对听、说、读、写进行全面训练,但在实际教学中并不是同时训练四种语言技能。为了训练不同的语言技能,每堂都要不断地变换教学环节和教学方法。这不但增加了教师备课和上课的难度,而且难免顾此失彼。按语言技能划分课型,有利于采用不同的方法对不同的语言技能分别进行集中训练。这样既可以保证各种语言技能都得到发展,又可以针对部分学生的特殊需要突出某一项或某几项语言技能的训练。

对口语和书面语要区别对待。精读课的训练方式实际上是口语和书面语不分。对口语内容要花大量时间进行读、写练习,对书面语内容也要花大量时间进行听、说练习。这不但造成了很大的浪费,而且不利于帮助学生对口语和书面语加以区别。按语言技能划分课型,有些只在书面语中出现的词语和语法现象就不必在说话课(或听说课)中进行专门练习,有些只要求听懂或者只要求能听、会说的词语和语法现象就不必在读写课(或阅读课)中进行专门练习。这样不但可以节约时间,在有限的时间内教给学生最迫切需要的内容,而且有利于帮助学生对口语和书面语加以区别。

二是确定各课型之间的固定关系。各种语言技能之间的关系,口语和书面语之间的关系,是一种既有区别又有联系的关系。有区别的一面决定了按语言技能划分课型的必要性和可能性,有联系的一面又要求各课型之间在教学内容和教学要求上建立起相应的内在联系,使它们成为既相对独立又互相配合的课型体系。建立这种内在联系的主要方法是:每个课型中的每一课都与其他课型中相对应的一课组成"平行课",形成一个小的教学循环;在编写教材时,规定平行课之间有一定数量相重叠的语音、语法、词汇内容(称之为"共核");按照一定的先后顺序安排课型,使各课型的教学按接力赛的方式进行。

上述三种课型设计的顺序不完全相同。文科班的课型顺序是读写→听力→说话;中医班和西医班的顺序是读写→说话(听说)→听力;理工班是听说→阅读→听力。无论采用哪一种顺序,各课型的教学都会在实际上互相配合,互相促进。各课型之间的相互作用可以文科班的设想加以说明。文科班按照读写训练→听力训练→说话训练的固定顺序进行教学。每种课型都为其他课型提供训练的基础,并通过实际应用,使学生在其他课型中学过的内容达到巩固和熟练。首先通过读写课让学生理解语音、词汇、语法现象,学会发音、认读和书写本课的汉字,并获得初步的语感。然后在听力课中利用读写课学过的部分语音、语法、词汇项目(共核)和少量新的语音、语法、词汇项目组成新的语言材料进行听力训练,并通过看板书、看课本、做练习等应用学过的汉字。就语音、语法、词汇内容来说,听力课是读写课的继续;就交际方式来说,听力课是另一种语言技能的训练。说话课再利用读写课和听力课学过的部分语音、语法、词汇项目(共核)及少量新的语音、语法、词汇项目组成新的语言材料进行说话训练,并再次通过看板书、看课本、做练习等应用学过的汉字。这样,就语音、语法、词汇内容来说,说话课是读写课和听力课的继续;就交际方式来说,说话课又是新的语言技能的训练。下一课读写课又在必要的听说活动中(读写课也离不开听说活动)应用听力课和说话课培养出来的听说能力。这样,每一课平行课都是一个小的教学循环。从认读开始,经过朗读、书写、听力、说话等各种训练,使学生对共核内容达到听、说、读、写全面掌握,对非共核内容根据具体要求达到局部掌握。从认读到口头表达是个递进的过程,说话课是一个小的教学循环的高潮阶段。各个课型既相对独立,又是一个不可分割的整体。

上述三种课型设计的主要的不同点是课型顺序不完全相同。文科班、中医班和西医班都以读写课为"打头课",而理工班以听说课为"打头课";理工班、中医班和西医班都以听力课为"压尾课",而文科班以说话课为"压尾课"。

安排不同的课型顺序反映了不同的教学要求。无论采用哪一种顺序,都是打头课的教学任务最重,压尾课的教学要求最高。大部分新的语音、语法、词汇、汉字等内容首先要在打头课中出现。打头课既要传授语音、语法、词汇等方面的有关知识,又要训练有关的语言技能。理工班以听说课为打头课,听说课可以不教写汉字,但因为课前需要预习,课堂上要看板书,有些练习也借助于汉字,所以学生对新出现的汉字至少要学会认读。压尾课要求最高,是因为经过前两个课型的教学,学生对大部分新出现的语音、语法、词汇等内容都已基本掌握,可以集中力量对有关的语言技能做要求更高的训练,也可以增加更多新的教学内容。理工班、中医班和西医班都以听力课压尾,是为了进一步加强听力训练,以适应学生将来学习专业的需要。文科班对口头表达的能力要求较高,以说话课为压尾课,学生的口头表达能力可以得到更充分的训练。文科班的学制是两年,也有可能对口头表达能力提出更高的要求。

安排不同的课型顺序,特别是安排不同的打头课,也反映了不同设计者的不同教学主张或对各课型之间关系的不同认识和不同处理方法。理工班以听说课为打头课,按照先听说、后读写的原则进行教学,符合语言习得的一般顺序,也符合多数教师的习惯。因为过去上精读课时,大部分时间是进行听说训练,对以上听说训练为主的课已经取得了一定的经验。把听说课作为打头课,只需要把一部分读写训练的任务分出去,其他任务基本上没有变化,因此教师对这种课型不会感到陌生。听说课打头,实际上要承担一部分读写教学的任务(至少要让学生学会认读新出现的汉字),如果教学任务过重,可以在其他课型中增加一些下一个循环的听说课中要出现的新词。通过这些词的教学,可以起到为听说课开路的作用。文科班、中医班和西医班以读写课打头,跟多年来形成的教学习惯相去较远。设计者这样安排的主要根据是:

第一,成年人学习第二语言跟儿童习得母语的过程不完全相同。儿童学习母语,听、说、读、写这几项语言技能是逐项获得的,获得这几项语言技能的顺序是不可改变的,每两项语言技能的获得,中间还要间隔一段时间。这主要是由于儿童的智力还没有得到充分的发展,不可能同时学习两种以上的语言技能。成年人的智力已得到了充分的发展,而且有学习和使用母语的经验,因此不但可以不完全按照听、说、读、写的顺序进行学习,而且可以在同一时间内学习几种语言技能。从读写开始,学生可以同时利用听觉和对汉字的视觉,这可能更能促进理解和记忆。

第二,以读写课打头,按照先读写后听说的顺序进行教学,可能更符合汉语教学的规律。经验表明,在进行听和说的训练时,除了要利用展示图片等一般的形象化教学手段以外,适当板书汉字也是发挥学生的视觉作用、帮助学生理解和记忆的一种有效手段。有时还要借助于汉字书面材料进行听说练习。因此,在听说训练之前,学生对有关的汉字至少要能够认读,否则汉字就会成为听说训练的障碍。而练习书写可以帮助记忆汉字,所以在学习汉字的过程中,最好把认读练习和书写练习结合起来。基础汉语教学历来只是在语音阶段(两周左右)以教汉语拼音为主,借助于汉语拼音进行语音训练和说话训练。这一阶段也出现少量汉字,目的是通过这少量有代表性的汉字的教学,帮助学生掌握汉字的基本笔画和笔顺规则,为以后的汉字教学打好基础。语音阶段结束后,生词、课文和练习一般都是以汉字的形式出现,汉语拼音只是给汉字注音的工具。多数教师要求学生在课前预习生词、课文和汉字,新课的第一个教学环节是让学生朗读生词,有些教师还要求学生听写生词和句子。学生为了记住生词和汉字,在预习时除了要练习认读以外,还要练习书写。要求学生预习生词、课文和汉字,不仅是读写训练本身的需要,也是为了给听说训练扫除汉字方面的障碍。上述情况表明,过去的教学实际上也是以读写打头。新的课型设计只是把分散的读写教学环节集中起来,形成完整的、独立的课型,使课堂教学更能顺其自然。以读写课打头是汉语教学的特点所决定的。教授使用拼音文字的语言,特别是教授文字的拼写和读音基本一致的语言(如俄语、西班牙语等),因为文字不难,可以采用"听说领先"的方法。汉字难认、难写、难记,不同于拼音文字。以读写打头,既可以为听说训练扫清文字上的障碍,又可以使所学的汉字在后续课型中通过应用而得到复习巩固,可能会取得更好的教学效果。

(2) 根据教学大纲和教学计划制订教材编写方案,重新编写教材。

从1982年到1987年,先后编写了《科技汉语教程》《中医汉语》《现代汉语教程》《医学汉语教程》等四套大型系列教材。

《科技汉语教程》(杜厚文主编)是供准备学习理工专业的学生使用的教材,由分别用于听说课、阅读课和听力课的《听说课本》《阅读课本》和《听力课本》组成。每种课本都分4册,一、二册的内容为日常生活和学习生活用语,第三册和第四册的课文内容和练习分别为科学常识和数、理、化基础知识。《阅读课本》一、二册配有《汉字练习本》,《听力课本》配有

《听力练习本》。这套课本1982年开始编写,1983年油印试用,根据试用情况稍作修改后,1984年在校内铅印推广。后由华语教学出版社正式出版,原书一、二册合并为一册,改名为《普通汉语教程》(1988),三、四册合为一册,保留《科技汉语教程》原名。

《中医汉语》(王砚农主编)为中医汉语班一年级教材,包括读写课本、说话课本、听力课本和听力练习本,分别供读写课、说话课和听力课使用。1982年开始编写,1983年油印试用,根据试用情况修改后,1984年再次油印并推广(因中医班学生人数较少,未予铅印)。

《现代汉语教程》(一、二册)(李德津、李更新主编)为文科汉语班一年级教材,包括《读写课本》以及与其第一册配套的《汉字练习本》《听力课本》以及与其配套的《听力课本练习册》和《说话课本》,分别供读写课、听力课和说话课使用。1982年开始编写,1984年开始试用,根据两年的试用情况,1986年开始修改,后由北京语言学院出版社分别于1988和1989年出版。

《医学汉语教程》(杨靖轩主编)为西医汉语班教材,包括《读写课本》和《听说课本》各4册,分别供读写课和听说课使用。与《读写课本》一、二册配套的有《汉字练习本》,与《听说课本》配套的有供听力课使用的《听力练习》(分教师用书和学生用书)。1985年开始编写,1987年油印,在西医汉语班普遍使用。

以上四套教材各有特色,但也有一些共同的特点。主要的共同点是:

第一,由通用教材发展为专用教材。过去先后使用的教材,如《汉语教科书》《基础汉语》《汉语课本》和《基础汉语课本》等,都为各类零起点的学生所共用。这些教材中的一部分文学语言及社会、政治用语并不是理工班和医药班的学生所迫切需要的,他们一般对这些内容不感兴趣,由于不经常使用,勉强学了也容易遗忘。到学年后期才使用结合专业内容的教材,词汇和语法结构跟学过的内容不相衔接,显得难度大,学生必须"爬陡坡"。由于教学时间短,练习不充分,学了这些专业词语和语法结构也不能熟练地掌握。按不同的专业类型编写专用教材，可以根据学生在中国生活和学习不同专业的特殊需要选择语言内容，并按照由易到难、由日常生活用语到专业用语的先后顺序使有关的语言内容有计划地分布到教材中去，由日常生活用语向专业用语自然过渡，并使两者融为一体。不同的专业对语言技能训练的要求也可以有所不同。这样，每一种教材都有自己的针对性和实用性。

第二，由单一的综合教材向系列专门技能型教材发展。所谓单一的综合教材，就是同一本教材用于对听、说、读、写各项语言技能进行综合训练。过去使用的各种通用教材都是这类单一的综合教材。虽然也编写和使用过一些听力教材、口语教材、阅读教材，但这些教材多半没有专能教材的特点，在教学中也不占重要地位。所谓系列专能教材，就是由几种不同的教材组成一个系列，分别用于进行不同语言技能的训练，每一种教材只用于训练一两项语言技能。这种系列专能教材的主要特点是：教学内容、教学方法和练习方式等都根据特定语言技能训练的要求加以选择和设计，所以同一个系列中的不同的教材，教学方法和练习方式不完全一样，一部分教学内容也不完全一样；同一个系列中不同的教材既相对独立，又通过平行课中相重叠的语音、词汇、语法等内容建立相互间的内在联系；用大致相同的语言内容在不同的教材中组成不同的语言材料，使全套教材的容量大大增加。这次教学改革中编写的上述四部教材都属于这种系列专能教材。

第三，教学方法由结构法向结构—功能法发展。过去使用的教材，教学方法都属于结构法。在功能法的影响下，四部新编教材都采用了结构、情境、功能相结合的方法。但具体做法不完全相同。

《科技汉语教程》分三个阶段，在不同的阶段采用不同的结合方式。第一阶段的语法内容是单句，按语法点的难易程度编排教学顺序。语法主要在听说课本中介绍，每课课文都由若干小段"情景对话"组成。这些情景对话都是围绕一定的语法点编写的，但又都表现一定的话题或功能。

部分课文还有少量替换练习内容,目的是帮助学生掌握句型。语法讲解的重点是说明语法结构特征,练习的内容和方式既注意帮助学生掌握语法结构,又注意培养学生的交际能力。第二阶段的语法内容是复句,课文都是介绍科技常识的小短文,要介绍的语法点都融会在课文中。语法讲解和练习从不同语法点的特点出发,有的从结构的角度讲解和练习,有的从功能的角度讲解和练习。第三阶段以功能项目为中心组织语言材料,每课都列出要教的功能项目和与此有关的"常用语句"。每课课文都由若干个介绍数、理、化知识的小段组成,这些小段课文都是紧紧围绕有关的功能项目选编的。

《中医汉语》也是按照语法点或句型的难易程度编排语言内容的教学顺序。语法和句型主要在读写课本中介绍。读写课本的主体部分前58课包括会话、句型和阅读短文,后42课每课只有一篇阅读短文。会话和阅读短文都是围绕一定的语法点或句型编写的,会话内容也表现一定的话题或功能项目。句型部分通过替换练习帮助学生掌握句法结构,阅读短文帮助学生通过上下文理解语法,培养阅读理解能力。说话课本的主体部分包括会话和基本句。"基本句"围绕功能项目或话题编排,同时突出结构形式,并通过相应的小段会话进行练习。

《现代汉语教程》结构、情境和功能的结合主要体现在三种课本的分工与合作上。读写课本完全以语法为纲,每课基本的语言材料有以塔式结构形式出现的"词、词组和句子"以及"课文"和"阅读"等。塔式结构展示汉语的结构形式。以小段会话或小短文形式出现的"课本"和以小短文形式出现的"阅读"都是以语法点为中心编写的。语法讲解比较详细,并力求系统化。练习的内容与方式也主要是为了帮助学生掌握语法结构。听力课本以情境为中心编写,每段会话或小短文都有一定的练习,练习方式有辨别正误、选择正确答案、回答问题、填表、做标记等。说话课本以功能项目为中心编写,主体部分包括功能项目和会话,功能项目通过问答的形式展示,"会话"的作用是通过一定的情境或话题练习表达。

《医学汉语教程》主要通过读写课本和听说课本的不同的编写方法体现结构、情境和功能的结合。读写课本以语法为纲,围绕语法点编写课文。听说课本的主体是功能项目和课文,"功能项目"通过小段会话的形式展示,"课文"围绕本课的功能项目编写。

上述四套教材编写的前期工作跟过去有两点不同。过去教学组织工作的程序是先编教材,然后制订教学计划。制订教材编写方案时,往往只是就教材论教材,主要考虑如何克服原有教材的缺点,准备在哪些地方加以改进。这样,教材编写方案就跳不出传统教学路子的框架。在这次教学改革中,思考的角度和方法完全不同,研究问题和组织工作的程序也不同。第一步,研究学生在中国生活和学习有关专业需要掌握多少和哪些语言内容,需要掌握哪些语言技能和每项语言技能需要掌握到什么程度。第二步,研究怎样传授这些语言内容和训练这样的语言技能。第三步,研究如何把需要与可能结合起来,并制订出科学的、切实可行的教学大纲和教学计划。第四步,研究如何根据教学大纲和教学计划编写教材,并制订出教材编写方案。这是第一点不同,即思路和工作程序的不同。第二,过去的教材编写方案多半只是个大体的设想,而且这些设想往往只是停留在编写人员的头脑中,各个编写人员的理解也可能不完全相同。在这次改革中,上述四套教材在着手编写之前,都制订出了比较详细的书面编写方案。以《现代汉语教程》为例,编写方案的内容有:编写目的和适用对象;课型的划分、各课型的基本任务和教学内容;三种课型的相互关系;教材的结构、体例和课堂教学的基本环节;课外练习。编教方案的作用不但在于指导教材编写工作,而且在于保证编出的教材与教学大纲和教学计划保持一致。

汉语预备教育的综合改革是一项大规模的教学试验,就迄今看到的结果而言,这项试验的主要作用和意义是:初步理顺了总体设计、教材编写、课堂教学和测试这四大环节之间的关系;为编写专项语言技能教材和进行专项语言技能训练提供了经验,推动了专项语言技能教材的发展;使教学质量有所提高,学生听读能力的提高更为明显;使人们加深了对语言教学的认识,进一步拓宽了思路,开阔了视野,从而推动了教学理论和教学方法的研究,推动了对外汉语教学由经验型向科学型的转变。

　　语言教学是一种复杂的系统工程,对这样的系统工程开展大规模的改革试验,要一举取得尽善尽美的结果是不可能的。旧的矛盾解决了,新的矛盾又会出现,这是事物发展的一般规律;旧矛盾不一定能够一举解决,对可能出现的新矛盾也不一定能够完全预见到,这是改革和科学试验的一般规律。事物总是在不断地解决原有的矛盾和新出现的矛盾的过程中向前发展的。从汉语预备教育的改革和试验的进展情况看,从总体设计到教材编写,都有一些工作需要改进和完善,也有一些问题需要进一步研究。在总体设计方面需要进一步研究解决的突出问题是:怎样划分课型、怎样处理各课型之间的关系才更符合语言规律、语言学习规律和语言教学规律?以什么课为打头课教学效果更好?在教材编写方面需要进一步研究解决的突出问题是:怎样控制语言材料的"量"以使学生对所学内容达到熟练掌握?怎样更好地处理各课型教材之间的关系以便有利于组织教学?怎样从课文的编写、练习内容的选择和练习方式的设计等方面进一步突出专项语言技能教材的特点?怎样划清情境、话题、功能这三者之间的界限以便真正做到结构、情境、功能的有机结合并加强文化因素的教学?此外,怎样使新的教学方法全面贯彻到课堂教学和测试中去,也还需要做大量的工作。跟过去教学中存在的问题相比,以上这些问题都是在更高的层次上提出的问题。这些问题的解决,有赖于对语言规律、语言学习规律和语言教学规律的进一步研究,有赖于对教学经验的进一步总结,有赖于对教学方法的进一步探索和试验。

　　对外汉语教学研究会对外汉语教材研究小组对这项改革试验的意义和作用进行了较为全面的概括和分析,指出:"系列教材与综合教材相比,在指导思想、编写原则、设计方式等方面都有新的立意"。"过去,我们过分强调教材在整个教学中的特殊地位,导致了先有教材,后拟大纲,而忽略了事物的另一面,即教材仅仅是整个教学活动中的一个环节。系列教材把这种颠倒了的关系重新颠倒了过来。它是在先确定教学总体设计,确定分科教学的课程设置,确定各科目、各教本的具体要求之后,在总体设计的严格制约下编写的。这样就减少了任意性和盲目性。这种对教材编写的新认识、新做法,是教材编写向科学化迈进的重要一步,也是教材编写应遵循的方向。""过去的教材大多以语法为中心,仅以一种基本教学法理论为主导。系列教材则趋向于根据结构和功能相结合的原则编写。这种结合不但体现在分科的单项教材中,而且更重要的是体现在各分项教材的指导思想上,这是编写原则上的一个突破。""系列教材根据不同的课型设计,按照各项技能训练的目的和要求,编制不同的课本。纵向间,各种课本有相对独立性。横向间,各课本相互又有密切的内在联系。纵横间形成完整的体系。这一设计,克服了综合型教材的某些弊病。"研究小组在分析了一些值得探讨的问题后指出:"系列教材从设计到编写、试用,还只有几年时间,这样复杂的工程,宏大的改革,有不完善的地方,是很自然的。经过实践、探索,一定会逐步完善、成熟。"(赵贤州,1986)

3. 汉语预备教育方面的另一项改革是正式确立科技汉语教学的两段制。

根据有关规定,对来中国准备学习理工和西医专业的学生以及准备进修中医专业的学生,进行专门的汉语预备教育的时间为一学年,实际学习时间一般只有三十几个星期,七八百个课时。要在这样短的时间内学好汉语,达到学习专业的要求,一般是不可能的。汉语预备教育的教学要求是培养学生在中国生活和学习有关专业所必须具备的最基本的汉语能力。学生具备了最基本的汉语能力,可以勉强进入专业学习的课堂,但语言上的困难是很大的。有些学生由于种种原因(例如:文化程度偏低,接受能力较差,因入学太晚而没有学完规定的内容)还达不到上述教学要求,困难就更大。为了帮助学生减少语言障碍,不少专业院校都开设了汉语课。这样,就在事实上形成了汉语预备教育的两段制。第一段是集中强化汉语教学,主要在北京语言学院进行;第二段是跟专业教育并行的后续汉语教学,在各有关专业院校进行。但是人们对第二阶段的教学认识不一致,普遍不够重视。并不是所有接受外国留学生的专业院校都开设汉语课;即使开设,教学目的和教学要求也不够明确,更无统一的教学大纲和教材。正如洪材章所指出的:"汉语教学的这个第二阶段是否必要存在,至今仍是个问题。一种意见是,第二阶段很重要,不但应该存在,而且要努力把它建设好。另一种意见是,留学生应在过了汉语关后才可以进入专业院校就读,根本不应有这个第二阶段存在。还有一种折中的意见,目前单靠第一阶段教学,留学生还过不了汉语关,需要有个过渡。他们主张第一阶段应不断提高教学质量,以最终能达到过汉语关的水平;在此期间,开设第二阶段汉语课作为过渡。""第二阶段确实是被当作临时的、过渡的阶段,因此一些问题就产生了。首先是容易被忽视。以医学院校来说,留学生汉语课是不被列入学校整体教学计划里的,留学生的汉语成绩也不列入毕业证书里。……表面上,第二阶段汉语课是开了,它开成个什么样子,就很少有人管了。""由于被忽视,第二阶段和第一阶段也处于严重脱节的状态。"(洪材章,1984)

为了解决上述问题,对外汉语教学研究会于1986年5月主持召开了一次科技汉语教学研讨会。经过来自全国32所院校的43名代表的认真讨论,在科技汉语教学的两段制问题和其他一些问题上取得了基本一致的意见。会上成立了科技汉语教学研究小组,制订了科技汉语教材和汉语医学教材的编写计划,并就正式确立科技汉语教学的两段制问题向国家教委提出了建议。国家教委采纳了会议的建议,不久即发出通知,对开展科技汉语教学的有关问题作出了规定。

4. 其他教学类型课程和教材的改革与建设。

除了汉语预备教育以外,短期汉语班、汉语进修班、现代汉语专业等70年代发展起来的新的教学类型也在进行课程和教材的改革与建设。有的课程和教材已初步定型,有的还处于改革和定型的过程中,或者正在酝酿新的改革。

（1）短期汉语班的课程发展与教材建设。

短期汉语班是70年代末发展起来的一种教学和旅游相结合的教学类型。学生的学习期限在"短期"中又有长短之悬殊：最长的约16周，最短的只有1周。学生的成分、汉语水平和学习目的千差万别。卢晓逸和张亚军于1983年对北京语言学院短期生的情况作了如下分析："短期生中大部分是在校的大学生（约占百分之六十几），除此之外还有企业家、自由职业者、教师、工人及领取退休金的职员（共占百分之三十几）。其中绝大多数都在国内方式不同、时间不等地学过汉语，真正从零起点开始的是极少数（最多只占总人数的百分之一、二）。程度悬殊，学习习惯、学习方法很不一样。"他们的学习目的和学习要求也不相同，"有以学习为主的，有以旅游为主的，有亦学习亦旅游的。"共同特点："一是要求提高自己的听说能力和口语水平；二是既要学习汉语又要了解中国；三是要花最少的力气学到最实用的东西；四是希望进度快一点，多学一点……"（卢晓逸、张亚军，1983）

80年代以来，短期汉语班在全国范围内迅速发展，至1988年，开设短期汉语班的高等院校已达100多所。各院校虽然教学规模大小不等，但是都在不断总结经验的基础上努力改进教学，加强教学的针对性，已经逐渐形成了鲜明的教学特点，即：短期速成；以进行口语教学和培养听说能力为重点；注重课堂教学与参观访问相结合、语言实践与了解中国相结合；开设阶梯式教学班以适应学生不同的汉语水平。

短期汉语班教学规模最大的是北京语言学院。为了加强短期班的教学与研究工作，该校成立了系一级的专门机构，开设了A、B、C、D四个阶梯的课程班（A班为零起点，其他各班的程度依次增高），由最初只办暑期班发展为常年办班。发展到1989年上半年的课程设置计划如下表：

北京语言学院短期汉语班课程设置计划表(1989)

班次	课程名称	周课时	备注	班次	课程名称	周课时	备注
A班	口语	20		B班	口语	20	
C班	口语	8		D班	口语	6	
	听力	6			阅读	8	
	阅读	6	视情况选开其中的一门		听力	6	视情况选开其中的一门
	报刊				报刊		
	翻译				翻译		
	中国文明浅说				中国文明浅说		

1980年以来,北京语言学院针对短期汉语班的教学特点,编写了成套的专门教材。主要有:《汉语三百句》(北京语言学院,1980、1981;外文出版社,1984)、《新汉语三百句》(《汉语三百句》的修改本,北京语言学院,1984)、《口语初步》(北京语言学院,1981)、《初级口语》(《口语初步》的修订本,北京语言学院出版社,1986)、《中级口语》(北京语言学院,1981;外文出版社,1983)、《汉语》(北京语言学院,1981)、《汉语外贸会话》(北京语言学院,1981)、《中国文明浅说》(北京语言学院,1981)、《汉语速成》(北京语言学院,1982;北京语言学院出版社,1987)。以上教材的共同特点是简明、实用,适用于短期速成教学,因此为国内各院校所普遍采用,有的被海外广泛采用(《新汉语三百句》由美国 Cheng & Tsui Company 出版;《口语初步》在日本出版了日译本,在香港出版了英文和法文注释本;《汉语速成》在日本出版了日译本)。在由国内外正式出版的六种教材中,《汉语三百句》《新汉语三百句》和《汉语速成》属于零起点,《口语初步》《初级口语》和《中级口语》分别适用于掌握1000左右和1500—2000个单词者。这几部80年代初期编写的口语教材都在一定程度上采用了结构、情境和功能相结合的方法,突出了交际性原则;语言材料都是外国人在中国生活和旅游所需要的常用语,语句自然、实用,传统教材中普遍存在的那种充满经

院气息的现象;以学校和学习生活用语为主,为语法服务的生造的句子较多等已一扫而空。这些特点对以后的教材编写——包括对汉语预备教育的教材改革——产生了良好的影响。

《初级口语》(卢晓逸等编著)共30课,每课课文或以功能项目、或以情境、或以话题为中心编写。各课的题目依次是:欢迎;问候;感谢、感激;祝愿、祝贺;道歉、遗憾;请求、劝告;称赞、赞美;肯定、同意;否定、拒绝;送客;在路上;兑换外币;理发;谈学习;问时间;谈称呼;谈天气;在饭店;在邮局;打电话;在商店;在图书馆;在书店;看京剧;看体育表演;看病;请客;漫话旅游;旅行;告别。课文都是会话体,会话都是小段,最短的三四句,最长的十几句,每课有若干小段。除课文外,每课还包括生词、注释和练习,书后附有"词汇表"。"注释"主要是从意义和用法上解释口语中的常用词和习用语,不求语法的系统性,不解释语法术语,不专门分析句子结构,重点突出,针对性强。"练习"的内容和方式都经过精心选择,目的明确,突出了外国人的难点。其中"替换练习"是为了帮助学生掌握句式,用重点词语填空或完成对话的练习,在练习的组织方式上有独到之处:用同一词语完成一组句子或一组对话。这种组织方式能够更有效地帮助学生理解和掌握有关词语的用法。这类练习是从交际的角度设计的,不是为了让学生掌握句子结构,而是为了帮助他们掌握有关词语和句式的用法,属于交际性练习。有一部分练习是要求学生根据指定的话题或情境(如"打电话叫出租汽车""问怎么坐车""买水果"等)会话,为学生提供了在一定的交际环境中进行自由表达的机会。

《汉语速成》(刘英林等编著)是第一部以功能为主线、兼顾句型和语法教学的入门性质的汉语教材。正文部分共38课,各课的题目依次是:欢迎;介绍(一);介绍(二);问候(一);问候(二);询问数量(一);询问处所(一);感谢;祝贺;询问处所(二);告别(一);询问时间(一);询问年龄;打算、愿望;请求(一);询问数量(二);道歉、遗憾(一);请求(二);询问时间(二);询问数量(三);询问学习(一);道歉、遗憾(二);提醒、劝告;询问天气;肯定、同意;询问学习(二);否定、拒绝;询问病情;询问数量(四);用餐;询问原因;估计、预料;邀请、约会(一);称赞;喜欢、爱好;邀请、约会(二);敬酒;告别(二)。每课的编写体例是:一、常用语句;二、课文;三、生词(这一部分还另立"补充生词""公用标志"或"常言、俗语");四、练习;五、注释。"常用语句"展示本课功能项目的有关表达方式,编者要求作为教学的重点。全书共有功能项目 25 个,常用语句 212 句。每课的"课文"由若干小段情境会话组成,每个小段都是围绕本课的功能项目编写的,实际上是体现功能项目的常用语句在一定的交际场合的应用。"公用标志"和"常言、俗语"补充了一些课文中难以出现但又常用的词语,很有实用价值;"公用标志"图文并茂,形式新颖(只可惜有些标志不够显眼,如用照片,效果可能更好)。"常用语句""课文""公用标志"和"常言、俗语"都注有汉语拼音和英文对译。"练习"部分的主要项目有:朗读词语或对话、替换、完成对话、按指定的话题或情境对话等,既有单项练习,又有综合练习,练习的内容实用性很强,有利于培养和提高学生的交际能力。"注释"部分主要是解释口语中的常用词语或习用语的意义、用法和语法特征。全书共注释 217 条,注释条目的选择和解释都以针对外国人的难点为原则,不求语法讲解的系统性。全书正文前有"汉语拼音字母表"和"语音","语音"部分包括声母、韵母、音节、声调、儿化韵、变调以及北京语音表。教学中或详或略,教师可以根据具体情况进行处理,这样的编写方式体现了短期速成教学的特点。全书正文后附有"语法现象一览表"和"词汇表"。"语法现象一览表"的内容是:一、词的分类;二、词组;三、句子成分;四、句子;五、几种复杂的动词谓语句;六、动作的状态;七、否定;八、强调;九、复合句。"一览表"通过举例的方式对汉语语法做了较为完整但又十分简明扼要的介绍,便于学生查阅或进行系统地复习。

《新汉语三百句》(张亚军、毛成栋编著)是对《汉语三百句》做了较大的修改、增删而成的。全书正文前有"汉语拼音字母表""汉语语音"和"词类简称"。正文后有"练习答案"和"词汇表"。正文共 30 课,包括 30 个体现功能项目或情境、话题的主题。各课的题目依次是：问候；问姓名；介绍；问时间；问日期；买东西（上）；买东西（下）；问住址；谈家庭；在饭店；谈语言；上课；谈学习；在朋友家；问路；坐公共汽车；看电影；周末度假；看病；换钱；在邮局；打电话；看京剧；谈天气；路遇；游览北京；看电视；联欢会；买火车票；送行。每课内容包括基本句型、替换练习、会话、生词、语法和练习。每课有10个基本句型，全书共300句，都是围绕各课的主题编写的，体现了句型和功能的结合。各课的基本句型基本上是以对话的形式展示的，也有的是单个句子，句与句之间在意思上没有衔接关系。"基本句型"都注有汉语拼音和外文对译（有英、法两种文本），便于学生朗读和理解。"替换练习"跟其他短期班口语教材一样，都是词语的替换，目的是帮助学生通过练习掌握有关的词语和句型。"会话"也是围绕本课的主题编写的，可以看成是基本句型部分的扩充。"语法"部分着重介绍汉语句子的结构形式，在英文注释本中有时跟英文做些比较。每课之后有一个"语法小结"，通过三个语法小结，对汉语语法作了概括性的介绍。"练习"比较简单，多数练习项目是从帮助学生掌握结构形式的角度设计的，缺少交际性练习项目。

《中级口语》（原如刚、李杨编著）共20课，每课由课文、生词（含补充生词）、词语例解和练习四部分组成。无论从全书看，还是从每一课的结构和内容看，都显得十分简洁、利索，无任何冗余、拖沓的成分。课文都是会话体，以一对学习汉语的法国夫妇在北京生活、交往和参观访问的情况为线索，编写了20个情境专题。各课的题目依次是：飞机上；去银行；进城；在小卖部；长城巧遇；买票；打电话；在邮局；看戏；买东西；做客；逛北京；看病；找圆明园；谈颐和园；称呼；请客；听广播；走访；送别。"生词"有法文翻译。"词语例解"主要是解释口语习用语和口语中不易直接翻译的一部分词语的意义和用法。除了指出某些词的词性以外，基本上不用语法术语，但解释却明确无误。这是词语教学上的一项创造，颇有启发作用。"练习"的内容比较集中，除了少量词语练习以外，大部分练习都是以一定的功能项目或话题为中心的对话,一部分要求学生完成,一部分是事先编好的。事先编好的对话虽然只能用于理解和记忆练习,但由于是围绕一定的功能项目或话题编写的,所以非常实用,可以看成是对课文的补充。纯交际性练习项目是要求学生按指定话题对话。

以上教材有共同的优点,也有各自的特点。除了都有各自特定的适用对象以外,在编写方法方面也都在不同程度上有所创造,堪称对外汉语教材中的朵朵新花。如果要指出它们的共同缺点,就是在结构、情境和功能的结合上还不够成熟,处理得还不够细致。这主要是由于对功能项目、情境和话题的界限还没有完全划清,对语法和句型的关系也没有完全理顺,对功能项目和句型的数量和层次范围更是心中无数。这些问题的产生,归根到底是由于我们在汉语研究上还没有提供这方面的成果,也就是说,是由于缺少这方面的语言学基础。

(2) 汉语进修班的课程发展和教材建设。

70 年代以来,来华学习汉语的留学生中有一定汉语基础者越来越多。除插班学习现代汉语专业和直接学习其他专业者外,在中国专门学习汉语的时间一般为一至二年,学习目的多半带有专业倾向。针对这类学生的特殊情况和特殊需要,一些院校分别开设了各种类型的汉语进修班。这些进修班按其性质可分别称为普通汉语进修班、专业汉语进修班、专业汉语高级进修班等。

普通汉语进修班创办于 70 年代,在各类进修班中历史最长,教学对象的情况也最为复杂,学生的来源、学习目的、原有汉语水平和在华学习年限等都不完全一样,因此各院校的教学特点和教学计划也不完全一样。80 年代以来,特别是 80 年代中期以来,各院校对这类进修班的教学更加重视,都在分析教学对象和总结教学经验的基础上进行改革或加强建设。改革和建设的重点是开展总体设计,具体内容包括:根据学生的水平合理分班,加强教学的针对性和计划性,改革或完善课程设置。一部分院校编写或修改出版了专门教材。因为开设这类进修班的院校较多,各院校的教学对象又不完全一样,所以在分班、课程设置、教材、培养目标等方面呈现百花齐放的现象。下面根据看到的部分书面材料从不同的角度加以举例说明。

北京大学对外汉语教学中心主要面对已具有中高等汉语水平程度的外国留学生,普通汉语进修班的规模仅次于北京语言学院。学生中有相当一部分是准备入系学习专业但汉语水平离学习专业的要求仍有一定差距者。该校从1987—1988学年开始,基本上按汉语水平考试的成绩编班。成绩达7级以上者可直接入系学习专业;达6级和5级水平者也可入系学习专业[1],但一般需同时补习一年的汉语(6级水平者每周选修4学时,5级水平者每周选修8学时);4级水平以下者全日制全时学习汉语,分高级、中级、初级三种程度编班(另有零起点的基础汉语班)。课程设置上分为必修课和选修课,必修课有:基础汉语、中级汉语、高级汉语、初级口语、中级口语、高级口语、听力等;选修课有:汉语语法、汉语词汇、当代文选、现代文选、古代文选、汉语修辞与写作、报刊阅读、英汉翻译、日汉翻译以及中国文学、中国文化等讲座课。

南开大学根据本校外国留学生的特点,于1986年提出了两年制进修班课程设置和教材编写的设想。"最近几年来,来南开大学对外汉语教学中心学习汉语的外国留学生大都是进修生,学习时间为一年到两年。来华前一般是在校大学生,都学过一年以上的汉语;有的是毕业班的学生;部分人员是在职进修或定向培养的,如日本某些大公司或政府机关派来的进修生。他们来中国的目的主要是学习实用汉语,利用在华的有利条件,使听说读写译等实际运用汉语的能力有所提高,以便适应将来的学习和工作。部分毕业班的学生是一边学习汉语,一边收集研究中国的有关资料,为完成毕业论文做准备。这些人大多数将来都想找一个与中国有关系的工作,如外贸外交方面的工作,翻译、旅游工作,汉语教学研究工作

---

[1] 指的是旧版 HSK 考试,旧版考试分八个级别,把口试与笔试放在一起考。

等等,而打算从事传统的汉学研究的人是很少的。这就是他们不入中文系学习,而愿意在对外汉语教学中心学习实用汉语的原因所在。基于上面的情况,对外汉语教学中心的课程设置以及与之相关的教材编写就应该从教学对象的实际需要出发,既有别于一般的中文系,也有别于其他兄弟院校的对外汉语教学。""留学生入校后都要经过考试,根据考试成绩,并参照来华前所学汉语年限,分别编入 A、B、C 三个层次的教学班。一般来说,学过一到两年汉语的可能编入 A 班,学过两到三年汉语的,可能编入 B 班,学过四年以上汉语的可能编入 C 班。进修年限为两年的,第二学年原是 A 班的可进入 B 班学习,原是 B 班的可进入 C 班学习。C 班水平最高,很少有人进修两年。这样,两年制进修生就自然形成了三个层次的教学班。"根据上述情况提出的课程设置方案是:

1. 基础课,包括汉语精读、口语、听力、报刊选读、写作、翻译。"基础课是必修课,是提高实用汉语水平必须学好的课程。通过这些课,可进行听、说、读、写、译的全面训练。"

2. 提高课,包括汉语泛读,当代小说选读、历史文选、旅游文选、外贸会话、古文选读、古代白话小说选、广播新闻、电视剧(包括电影、话剧)、讨论与讲演。"这些课可作为 B、C 班的选修课,课型应尽量多,面要广。这一类课是更高层次的听、说、读、写的训练。"

3. 汉语理论课,包括语法、词汇、语音文字、修辞、虚词用法、常用句型、同义词分析、比较语法。"这类课有的可作为必修课,如语法、词汇等,有的可作为选修课。语言理论课的教材教法都应有别于一般大学中文系的现代汉语课,应该突出汉语作为外语的特点,突出应用。""开设上述三类课程是出于下列考虑:(1)基础课的任务是进行听说读写译的全面训练,所以有些课如写作、翻译,不但程度低的 A 班要学,程度高的 B、C 班也要学。口语听力训练在高层次班以电视剧、广播新闻、讨论与讲演的课型出现。(2)考虑到成人学习外语不同于儿童学习母语的特点,把语言理论课贯穿各个教学层次,可以发挥成年人文化水平高、逻辑思维能力强的优势,充分调动学习者的学习主动性。(3)汉语水平达到一定程度,要继续提高,词汇量成了主要矛盾。设置较多包含各类内容的阅读课,可以较快地扩大词汇量,满足不同专业、不同水平、不同要求的学生的需要。(4)三类课互相配合、互为补充、循序渐进,理论结合实践指导实践,形成有三个层次的教学系列。(5)从某种意义上说,上述的课程设置是符合结构功能相结合的外语教学理论原则的。现代汉语理论各课型为学习者提供了系统的语法、词汇、语言文字知识,重在汉语结构的掌握;基础课、提高课各课型,以语言功能为主,进行听说读写的全面训练,又把理论课所学语言理论用于语言实践,使结构和功能结合起来。"(王振昆、贾甫田,1986)

北京外国语学院也于1986年提出了普通汉语进修班的教学方案。普通汉语进修班的学制为一至两年,"接收各国大学中文系在校学生,各国公司、商社、银行、企业等在职人员,以及各类使用汉语工作的人员,在原有汉语水平的基础上,经过学习,着重提高汉语听说能力。"针对学生不同的汉语水平开设初级班、中级班和高级班。初级班(掌握200—500词语,会一些简单的生活用语者)开设基础汉语、初级口语、听力、汉语实习,每周共上课22课时;中级班(掌握500—1000词语,生活会话较熟练者)开设中级汉语、中级口语、视听说、报刊、翻译、汉语实习,每周共上课22课时;高级班(掌握1000—2000词语,除生活会话熟练外,还具有一定的汉语和中国文化知识者)开设高级汉语(包括概况汉语、原著选读等)、高级会话(包括剧本、相声等)、视听说(包括录音、录像等)、报刊、翻译、选修课(包括语言、文字、书法、中国经济等专题)、汉语实习,每周共上课18—20课时。(李传槐,1986)

北京语言学院的普通汉语进修班学制为一年,基本上属于汉语预备教育的性质。教学对象多半为具有一定的汉语基础但不够二年级水平的学生(达到二年级及其以上水平者编入现代汉语专业班、专业汉语进修班或专业汉语高级进修班),根据入学考试成绩分甲、乙两种程度编班。他们学习一年后,多数在本院或到其他高等院校学习专业,一部分回国继续求学,少数到急需汉语人才的机构任职。对这类学生的培养目标是,以培养在中国生活、在中国高等院校学习文科专业所必需的汉语能力为主,兼顾培养用汉语进行工作的能力。教学内容主要考虑结合他们学习有关专业的需要,也兼顾部分学生用汉语从事一般性工作的需要。经过多次修改而于1987年初步定型的课程设置计划如下表:

北京语言学院普通汉语进修班课程设置计划表

	第一学期		第二学期			总课时
	周课时	课程名称	周课时		课程名称	
必修课	精读	8	精读		6	264
	听力理解	4	听力理解		4	152
	阅读理解	4	阅读理解	文学阅读 历史阅读 经济阅读	4	80
	口语	4	口语	实用口语 外贸口语	4	80
选修课			写作		2	40
	文化对比	2	文化对比		2	76
			翻译练习	汉英 汉日 汉法	4	80
			报刊阅读		4	80
			文言阅读		4	80
讲座			中国文明		2	40

在上表所列各门课程中,除"文化对比"和"中国文明"为文化知识课外,其余都是语言课。其中精读课是进行听、说、读、写全面训练的综合课,也是一门主干课,其他课程是与这门主干课配合的专项语言技能课。"文科进修班汉语教学的指导思想是,采用综合训练与专项技能训练相结

合的教学原则,以主干教材为基础,纵向深入,以技能教材为辅助,横向展开,以达到各项语言技能全面发展的教学要求。"(《北京语言学院外国留学生文科进修班教学计划(试行)》,1987年1月)第二学期的阅读理解课分文学阅读、历史阅读、经济阅读,是为了适应准备学习不同专业者的不同需要,学生可任选一种。在口语课中专设一门外贸口语,是为了适应一部分学生准备从事外贸工作的需要。"外贸口语课的主要任务是向学生提供一定数量的外贸词汇和表达方式,培养学生在外贸活动中进行口语交际的初步能力。"(引文同上)翻译练习课分汉英、汉日、汉法,学生可根据自己的条件选修一种。

上表所列各门课程编写的专门教材有:用于精读课的《现代汉语进修教程·语法篇》(第一学期用)、《现代汉语进修教程·精读篇》(第二学期用);用于口语课的《现代汉语进修教程·口语篇》《汉语外贸口语》;用于听力理解课的《听力理解》(修改后书名为《现代汉语进修教程·听力篇》);用于阅读理解课的《阅读理解》(第一学期用,修改后书名为《现代汉语进修教程·阅读篇》)《文学阅读》《历史阅读》《经济阅读》;用于写作课的《写作教材》;用于文化对比课的《中外文化比较》(两种);用于翻译练习课的《翻译练习》(四种):用于报刊阅读课的《新闻听读》;用于文言阅读课的《古文初渡》;用于中国文明课的《中国文明》等。由于尚未制订教学大纲,特别是缺少必要的词汇大纲和语法大纲,上述教材在词汇、语法方面实际上互无联系,所以还未能形成系列。个别已经正式出版的教材也有明显的缺点,需要进行修改。

在正式出版的教材中,《语法篇》(樊平、刘希明、田善继编著,北京语言学院出版社,1988)是用于进行听、说、读、写全面训练的主干综合教材,适用于学过汉语基本语法、掌握了600个以上常用词语的教学对象。从书名可以看出,这是一部以语法为纲的教材。全书共20课,每课由语法、范句、练习、阅读课文和生词五部分组成,其中"语法"和"练习"是主体部分。"语法"部分跟零起点教材不同,不是完全按照语法点的难易程度编排教学顺序,而是力求系统化,并且更加突出重点,以便使学生对汉语的语法框架形成完整的认识。各课的语法项目依次是:名词谓语句、形容词谓语句;动词谓语句、主谓谓语句;几种特殊的动词谓语句("是"字句、"有"字句、连动句);疑问句;定语;状语;动词的态(1)(2);语气助词"了"、动词的态(3);动词的态(4)(5)、"是……的"格式;程度补语;结果补语;趋向补语;可能补语;动量补语、时量补语、数量补语;兼语句、存现句;"把"字句;"被"字句;比较(1);比较(2);复句。通过以上语法项目的学习,学生可以对汉语语法产生一个较为清晰的轮廓。除了在语法项目的选择和编排上注意突出重点以外,对每个语法点的讲解都力求简明扼要,通俗易懂,不求全面,但求针对外国学生的难点。从这部教材本身看,系统地介绍语法似乎是采用演绎法,而实际上,因为学生已经学过基本语法,所以是对学过的语法知识的归纳和深化,既是复习旧知识,又是引导学习新知识,并结合一定的语言材料进行练习,把语法知识转化为语言能力。因为教学对象来自不同的国家,过去学习的是不同的教材,所以这样的处理方法也有利于使他们统一对汉语语法系统的认识,同时便于有一定汉语基础者进行自学。重视语法规则的系统教学说明作者充分考虑到了成年人——特别是有一定汉语基础的成年人——的学习特点。"语法"部分在语法项目选择上的主要缺点是:只重视句式,没有注意到既体现汉语语法的特点、对帮助外国人掌握语法和句型又至关重要的词组结构;对复句的处理过于简单。"练习"部分的主要特点是,跟语法知识的介绍紧密结合,目的是帮助学生理解、记忆和运用语法规则。练习内容有阅读和口笔头表达,练习方式有朗读范句、替换练习、完成句子、改写句子、识别句子成分、读后回答问题等,练习量较大,练习形式也较为灵活。没有编写交际性练习,是因为根据课程分工,这部教材的主要任务是帮助学生理解和应用语法规则,交际性练习的内容应在与其配套的《口语篇》教材中体现。

《口语篇》(张孝忠主编,北京语言学院出版社,1988)是与《语法篇》配套的专项语言技能教材,其任务是培养学生口头交际的能力。全书共20

课,以一定的功能项目为中心编写。各课的功能项目依次是:介绍、招呼、问候、欢迎;邀请;感谢;道歉;询问;请求;接受;祝愿;喜欢、厌恶、满意、失望;劝慰、禁阻;同意、反对;委托、承诺;怀疑、相信;称赞、批评;希望、建议;假设、可能;计划、打算。每课由生词和短语、基本句、情景会话、注释、常用词语举例、读后说和练习七部分组成。每课的"情景会话"都有若干小段,每段会话前有场景提示,会话后有围绕会话内容的问答练习。"读后说"也围绕阅读课文的内容进行问答练习。每课最后的"练习"设计了较多的交际性练习项目,如按照指定的语气(如赞扬、批评,相信、怀疑等)完成句子,根据指定的情境对话,对有争议的问题进行讨论等,这正是功能教学所应有的特点。这部教材的主要缺点是:每课除总标题以外,无其他关于功能项目的标记,而总标题标明的功能项目,内涵过于笼统,学生难以识记具体内容;围绕教材中的"情景会话"和"读后说"的情节内容编写的练习偏多,而交际性练习偏少;在交际性练习项目中,限制性练习较多,诱导学生自由表达的练习很少;"情景会话"涉及的固定人物太多,有些会话和阅读材料内容比较肤浅,缺乏趣味性;有些语句"京味儿"太浓,或者跟说话人的身份不符;没有注意在词汇、语法、句型等方面与《语法篇》呼应,所以显示不出配套教材的特点。

　　普通进修班在全国高等院校中分布较广,学生人数较多。经过多年的教学实践,各院校都积累了一定的经验,但是对这些经验还没有进行系统总结,因此还没有形成完整的教学体系。从上面的介绍和提到的一些问题可以看出,要加快这类进修班建设的进程,还需要从基础工作做起。当前最重要的任务是在总结经验的基础上进行科学的总体设计,制订出至少包括词汇大纲和语法大纲的教学大纲。这是编写或修改教材以必不可少的前提条件,也是为建立科学的教学体系和进一步提高教学质量而必须迈出的关键的一步。

　　专业汉语进修班有根据国外派遣单位的委托临时开设的,也有根据国外的普遍需要长期开设的。北京语言学院于1988年创办了长期开设的经济、外贸汉语进修班。该班以培养学生在经济、外贸领域内实际运用汉语的能力为目标,教学内容以经济、外贸方面的实用汉语为主,注重口语和书面语技能的训练,注重中国当前经济改革概况的介绍,并结合专业汉语教学组织参观访问和其他语言实践活动。该班开设 A、B、C 三种水平的课程,大约掌握 800－1000 词的学生编入 A 班,大约掌握 1000－2000 词的学生编入 B 班,具有相当于二年级的口、笔语表达能力的学生编入 C 班。课程设置如下表:

课程名称	周课时
外贸口语	6
外贸写作	4
中国经济	2
翻译	4
中国报刊	2
热门话题	4
新闻听力	2

专业汉语高级进修班的教学对象为汉语水平较高、准备在某一特定领域用汉语工作或担任高级翻译的学生。这种进修班一般是根据委托临时举办,教学计划由委托单位与教学单位商定。北京语言学院 1988 年为澳大利亚举办的高级进修班属于这一类。该班的教学目标是培养学生在国际经济和贸易领域内实际运用汉语的能力,教学内容以经济、外贸方面的实用汉语为主,注重翻译及口语和书面语技能的训练,注重中国经济概况的介绍,并结合专业汉语学习的需要,邀请经济和外贸方面的专家作学术报告。课程设置如下表:

课程名称	周课时
翻　　译	4
现代经济	2
热门话题	4
外贸口语	2
外贸写作	2
中国文化	2

(3) 现代汉语专业的课程发展与教材建设。

北京语言学院开设现代汉语专业，学制四年。一年级属于汉语预备教育，从二年级开始为专业教育（具有相当汉语水平者可插入二、三年级学习）。该专业的教学特点和培养目标是："注重培养学生运用现代汉语的实际能力，听、说、读、写全面要求，同时进行翻译能力的训练和文化背景知识的传授。毕业后能胜任一般的翻译工作，或能从事现代汉语教学工作，并初步具备进行现代汉语研究的能力。"（引自《北京语言学院二系学分制介绍》）对通过毕业考试和毕业论文的学生授予学士学位。

这一专业从1978年正式创建以来，一直在努力充实课程，调整课程设置计划，并陆续编写了各门课程的教材。为了理顺各门课程的纵向和横向关系，使各门课程的教学趋向规范化，并为进行总体设计准备条件，于1985—1986学年编制了各门课程的"教学大纲"，对各门课程的教学对象、教学目的、教学要求、教学内容、课堂教学、测试等作出了明确的规定。同时对部分课程进行了初步的改革，重新编写了教材。1987年开始试行学分制。1989年又对课程设置计划进行了局部修订。这次修订后的课程设置计划以及各门课程使用的教材如下表：

北京语言学院现代汉语专业课程设置计划表

二年级

	课程	周课时	总课时	教材	备注
必修	中级汉语	6	228	中级汉语教程	
	听力口语	4	152	听力口语	
选修	中级汉语阅读	2	76	中级汉语阅读	
	汉语写作	2	76	汉语写作	
	现代汉语语音文字、词汇	2	76	汉语普通话语音辨正;文字;词汇	
	报刊语言基础	4	152	报刊语言基础	
	新闻听力	2	76	新闻听力基础	
	文言阅读	4	152	文言读本	
	翻译	2	76		8种
	中国近现代史	2	76	中国近现代史	
	中国旅游地理	2	76	中国旅游地理	

三年级

	课程	周课时	总课时	教材	备注
必修	高级汉语	6	222	高级汉语	
	汉语写作	2	74	汉语写作	
选修	报刊阅读	4	148	报刊文选	
	现代汉语语法	2	74	实用汉语语法	
	名著选读	4	148		临时选用
	古文选读	2	74	古文选读	
	翻译	4	148		8种
	中国现代文学简史	2	74	中国现代文学简史	
	中国经济	2	74	中国经济	

续表

	课程	周课时	总课时	教材	备注
选修	中国古代史	2	74	中国古代史	
	中国文化选讲	2	74	中国文化选讲	
	中文信息处理	2	74	数据库应用与字词处理	
语言实习					1周

四年级

	课程	周课时	总课时	教材	备注
必修	高级汉语	6	174	高级汉语教程	
选修	小说阅读	2	58		临时选用
	古文选读	2	58		
	热门话题	4	116		
	翻译	4	116		8种
	中古代文学简史	2	58	中国古代文学简史	
	中国哲学家选讲	2	58	中国哲学家选讲	
	中国古代白话小说选讲	2	58	中国古代白话短篇小说选讲	
	中文信息处理	2	58	数据库应用与字词处理	同三年级
语言实习					1周
毕业论文					8周

上表所列三个年级累计的课程共35门(包括语言实习和毕业论文),其中5门为必修课,27门为选修课。

5门必修课都为语言课,其中中级汉语(二年级)和高级汉语(三、四年级)为全部课程中的主干课(亦称"中心课",其他课程称为"卫星课"),每周上课6课时,约占总课时的近1/3(每个学生的必修课和选修课相加,二、三、四年级分别要求不少于20、18、21课时)。听力口语(二年级)和汉语写作(三年级)为配合主干课的专项语言技能课。

中级汉语课和高级汉语课是在原来的"文章选读课"的基础上发展起来的。把"文章选读课"(简称"文选课")改为中级汉语课和高级汉语课,是为了突出语言教学的特点,加强语言技能的训练。这门课使用的教材,也由原来的《文选》改为《中级汉语教程》和《高级汉语教程》。主干课名称和教材的改变,反映了教学指导思想的变化和一种改革的趋向。

文选课是一门对听、说、读、写进行全面训练的综合课,不同年级训练的侧重点和要求不同。根据《北京语言学院》(1982—1983)"来华留学生二系课程简介"介绍,各年级文选课的教学目的和要求分别是:"通过教学,扩大词汇量,尤其以体现汉语特点的一些词语和句式为重点,使学生熟练掌握和运用汉语遣词造句的一些规律,能运用较复杂的句式就某一内容进行成段表达,培养学生实际运用语言的能力。"(二年级)"重点是扩展句式结构,辨析常见的同义词、近义词和反义词,扩大词汇量。培养和提高学生的概括能力和辨析能力,达到能较自如地进行成段表达的水平。"(三年级)"重点是对汉语常用的结构、句式进行归纳、总结,辨析同义词、近义词和反义词,使学生具有对作品内容风格、语言特色进行分析、比较的能力,可以就某一语言专题、文学专题或某一作家写出论文并进行答辩。"(四年级)

文选课教材《文选》(北京语言学院,1981)共6册,每学年使用两册。一、二册(二年级用)每课包括课文、生词、词语例解和练习四项内容。"课文"基本上都是文学作品,包括民间故事、小说、散文、话剧剧本等。"生词"有英法两种语言的翻译,部分词语用中文解释。"词语例解"沿用了《汉语读本》等教材的做法,从课文中选出一部分重点词,分别对它们的词性、意思、用法等作出说明和解释,并给出例句。"练习"的内容包括对词语和语法的理解和应用,对课文内容的理解和成段表达等。练习方式有用汉语解释词语,用指定的词语完成句子、造句或改写句子,模仿选句,根据课文内容选择正确答案、回答问题、口头复述或写出课文的某一情节，阅读一篇新材料然后进行口头复述等。这些练习方式体现了理解和表达相结合，口头表达和笔头表达相结合的原则，体现了对听、说、读、写进行全面训练和注重培养实际运用语言的能力的教学要求，只是缺少交际性练习项目。三、四册（三年级用）每课包括课文、作者介绍、题解（部分课文）、词语、解释、词语例解、思考题等项内容。"课文"都是文学作品，"题解"主要是介绍课文的出处、主要内容、作品的特点和特色等，目的是帮助学生加深对课文的认识和理解，提高欣赏和分析文学作品的能力。"词语解释"取代了一、二册的"生词"部分，对本课出现的新词语用词典方式进行解释。"思考题"的内容包括对课文的理解和回答跟课文内容有关的问题等。五、六册（四年级用）每课包括课文、作者介绍、题解、词语解释和思考题五项内容，比三、四册少一项"词语例解"。从课文内容和编写体例看，三、四册和五、六册具有明显的语文教学的性质，未能体现语言教学的特点，跟中学语文课本没有本质的区别，简直可以认为是中学语文教学在对外汉语教学中的移植。"教学目的和要求"中提出的"扩展句式结构，辨析常见的同义词、近义词和反义词"，"对汉语常用的结构、句式进行归纳、总结"等，在教材中均未得到体现。

　　跟文选课和《文选》教材相比，中级汉语课和高级汉语课以及这两门课的教材《中级汉语教程》和《高级汉语教程》都有了明显的改进。1987年修订的《北京语言学院来华留学生二系课程简介》中谈到，中级汉语课的教学目的和要求是：着力进行听、说、读、写各项语言技能的综合训练，大幅度地丰富词汇量，由1600词扩大到3820词左右；尤其注意语段表达能力的培养，使学生能运用所学词语、结构和较为复杂的句式，就某一内容流利地进行口语、书面成段表达，培养学生运用汉语进行实际交流的能力。高级汉语课的教学目的和要求是：培养学生在更高的层次上正确理解和欣赏汉语丰富多彩的语言现象以及熟练、灵活、艺术地运用汉语的能力。除了在中级汉语课的基础上继续扩大词汇量以外，重点加强词语辨析和运用能力的训练,培养学生丰富的语感。在教学中注意使语言和文化相结合,语言知识的传授与技能技巧的训练相结合。《中级汉语教程》和《高级汉语教程》基本上是按照上述教学目的和要求编写的。

《中级汉语教程(上、下册)》[①]每课的编写体例是:一、课文;二、生词;三、组词与词语扩展;四、词语例解;五、语法注释(不是每课都有这一项);六、副课文;七、练习。课文跟《文选》一样基本上都是文学作品,在22篇(上、下册各11篇)课文中,有14篇是从《文选》一、二册中保留下来的。跟《文选》不同的是:事先选定1600个常用词,作为学生已经学过的词汇,新编课文的词汇与这1600个词相衔接;选材标准更注意语言教学的特点,不以是不是名家名篇决定取舍。上册前4篇课文经过改写,降低了难度,避免了跳跃;后7篇中对原文篇幅太长的进行了删减,同时对不规范的语句、偏僻词语和方言土语进行了必要的修改。下册11篇课文只对原文篇幅太长的进行了删减,文字上未作改动。"通过改写、多删少改、只删不改等不同手段的处理,《教程》很自然地从语言上形成了阶梯。""语法注释"部分跟基础汉语阶段的语法部分有所不同。首先,不是先考虑语法点的分布,然后围绕语法点编写课文,而是从选编好的课文中挑选语法点。其次,语法注释项目是选自"课文中出现较多或较为突出的语法现象","着眼于实用性和针对性,不求系统和完整。"再次,由于学生已经学过基本语法,并且掌握了一定数量的词汇,因此编写或选择例句的自由度较大。例句丰富、自然,是这一部分的一个特点。最后,"为了帮助学生提高成段表达的水平,教材从语法规则的角度,加强了对语段表达的科学指导,比如如何用关联词语或代词短语组合句子等。"《中级汉语教程》的副课文颇具特色。一是量大,每课都有篇幅短小的副课文5篇,全书共有110篇之多;二是多数副课文内容有趣,有些知识性较强,能够吸引学生;

[①] 陈田顺等.中级汉语教程(上册).北京:北京语言学院出版社,1987.
刘镰力等.中级汉语教程(下册).北京:北京语言学院出版社,1988.

三是注意从语言和内容两个方面与主课文配合。"它与主课文的关系是：教学上，精泛结合，形成疏密相间的教学节奏；内容上，围绕主课文反映的社会生活，介绍中国传统文化；语言上，要求提供语境，以利于学生进行成段表达，并要求在新的语境中，重现主课文的全部重点常用词。"（以上引语均见刘镰力，1986）"练习"部分也是下了很大的功夫的，不但练习量大，而且内容丰富，形式多样。"最后的练习是统摄全课的，几乎囊括了全部该训练的语言现象。"（李忆民，1988）

《中级汉语教程》的编写，是现代汉语专业课程建设和改革中的一项重要工程。李忆民指出："北京语言学院来华留学生二系原来开设的'文选'课，是一门重课，几乎所有入系的二年级学生都选修。在过去的年代里，在语言能力和交际能力培养方面，'文选'课都起过一定的作用。但它存在许多弊端。最近几年，本书编者们对这门覆盖面如此之大，开设已达十年之久的重课，进行了深入的思考，进行了认真的总结，研究了世界上目前流行的影响较大的教科书，在此基础上，开始酝酿《教程》的编写。为了使新书的格局更符合对外汉语教学的规律，使步子迈得更稳，编者们花了较长时间进行总体框架的设计。思路确定之后，并没有急于全面铺开进行编写，而是集思广益，先编写一课样课，然后拿到课堂上进行真刀真枪的实验，再回过头来进行总结修正，使设计臻于完善。第一稿编出油印后，又进行了大面积实验，广泛听取师生意见，对一些基本问题的认识更为明确，接着对教材进行了全面修改和加工……可以这样说，《教程》并非急就篇，它是经过长期揣摩、缜密雕琢、融进了整个教研室教师和部分学生的集体智慧的一部教科书。"（李忆民，1988）正因为上面谈到的这些原因，《中级汉语教程》确实在《文选》一、二册的基础上向前迈进了一大步，达到了到那时为止同类教材中的最高水平。李忆民在同一篇文章中也指出了这部教材的美中不足："一是有些重点词语确定失当。难词并不一定该作为重点，作为挖深讲透的重点词语应该是那些语法性强、规律性强、对句子或其他词语制约性强的词语，使用度、频率高的词语。""二是有不少副课文不生动,内容贫乏。""三是编者没有自觉地在正、副课文中设计自由表达的空间,没有为学生提供'自我表现'的引发项目或练习。"实际上,《教程》的练习都属于理解、模仿和记忆性练习,几乎没有交际性练习。"四是社会文化因素在教学中处于自发状态,在《教程》中体现的也不够鲜明。本书注意到了知识文化,但忽略了交际文化,没有把课文中带交际文化色彩的语言挑选出来,不能不说是个遗憾。"作为80年代中期编写的教材,三、四两点不能不认为是严重的缺点,因为这涉及教学指导思想和教学路子,即是不是贯彻和怎样贯彻交际性原则的问题。此外,《教程》在语法教学上花工夫不够。"语法注释"部分在注释项目的选择上随意性较大,没有做到有计划地在前一阶段语法教学的基础上加以发展和深化。正如施光亨和李明所指出的,前一阶段"并没有学完汉语的全部语法规则,恰恰相反,还有很多语法现象还没有出现,特别是句法问题,如长句、多重复句以及虚词(尤其是关联词)等等。历来的中高级汉语教材都比较注重词语的注释和练习,相形之下,关于语法的注释和练习似乎没有占到应有的比重,而且随机性很大——它们的出现和安排都随课文选用什么作品而定,究竟讲哪些语法点,分析哪些句型,练习哪些虚词,似乎都缺乏周密的计划。""每课课文都会有重要的语法现象出现,我们应该针对学生的难点有计划有重点地进行语法讲解和练习"。(施光亨、李明,1987)

跟《中级汉语教程》相衔接的《高级汉语教程》分上、中、下三册(上册,姜德梧主编,北京语言学院出版社,1989;中下册,1990),每课由课文、注释、词义辨析、词语例解、练习、语言和文化知识、阅读课文等七部分组成。"课文"也都为文学作品,多半选自名家。"注释"取代了《中级汉语教程》中的"生词",除解释本课新出现的词语以外,对部分课文的出处和作者也作了简要介绍。介绍和解释全部用中文。"词义辨析"选择几组同义词或近义词,从词性、词义、用法等方面进行解释并举例,使学生体会其异同,相当于其他教材中的"近义词例解"。"词语例解"选择有特点的常用词语,侧重从用法上加以解释说明。这一部分跟"词义辨析"一样,解释简明,能针对外国人的难点,例句较为丰富。这种有针对性的解释从词典或语法书上一般是找不到的,实用性很强。"语言和文化知识"顾名思义,既包括语言和语言学方面的知识,也包括文化科学方面的知识。每课都有与课文的语言或内容有关的知识,有的属于交际文化。在高级汉语教材中设语言文化知识专栏是此书的独创。跟《中级汉语教程》一样,在突出语言教学的特点、加强语言技能的训练、重视文化因素的教学等方面,比《文选》大大前进了一步,也体现了同类教材的最高水平。但是在语法教学和练习内容等方面也有跟《中级汉语教程》相同的缺点。此外,还有一个长期以来一直有争议的问题,就是:主干教材的课文完全选用文学作品,是不是有利于培养学生的交际能力?虽然《中级汉语教程》和《高级汉语教程》的编者在选材时尽量注意语言教学的特点,但是所选的毕竟是文学作品,这些作品中的语言毕竟是文学语言,有的甚至不是现代汉语。毛文提出:"学习语言的目的是进行交际。因此,只要是日常交际中用得上的语言,都应成为我们讲授的内容。实际上,学生在日常交际中用得最多的,并不是那些典雅的、文绉绉的文学语言,而是口头的、活生生的语言。目前我们的中级汉语教材,使用的几乎全是文学语言。不是说不应教文学语言,而是说仅有文学语言是不够的。"(毛文,1986)施光亨和李明进一步指出:"我们认为,以文学作品作为语言教材有其先天的不足。此外,一旦选用了文学作品作教材,就必然会产生一种推动力。比如,选文时必然会把眼光投向文学上有成就的名家;选了若干名家之作后,若某一名家作品未入选,就会感到缺憾,由于这种缺憾感的推动,又会自觉不自觉地产生在教材中反映中国现当代文学概貌的愿望等等。正是由于文学作品先天的不足和这种推动力的作用,削弱了语言教学的特点。"他们具体分析了在中高级教材中完全选用文学作品所带来的问题:语言教材无论是以结构为纲,还是从功能出发,都应按照各语言要素的内在规律或各功能项目之间的关系和由浅入深的顺序进行层次性处理,而文学作品一般说来不能为这种层次的需要提供可能的选择;为了帮助学生理解课文的内容,教师必须讲解作品所描写的时代和环境以及作品所反映的学生并不熟悉的许多生活情况,必须补充介绍删去的情节等等,从语言技能训练的角度看,这些都是冗余成分;文学作品中的描写性文字不适用于语言技能的训练,由于时代和环境的关系所形成的特殊语言风格已失去了进行交际的实用价值,近代白话小说中用的是近代汉语,也不适合用来进行现代汉语教学;有些长篇课文占用的教学时间太长,不利于增加趣味性,师生都会产生疲劳感,从而会影响学生学习的积极性(施光亨、李明,1987)。实际上,语言教学可以有三条完全不同的路子,一条是语言路子,一条是语文路子,再一条是语言学路子。对外汉语教学的传统是:初级阶段偏向于语言学路子,从中级甚至初级后期开始,偏向于语文路子。现在初级阶段的对外汉语教学已经走上了语言路子,而从完全选用文学作品作为教材的课文这一点可以看出,中高级阶段的对外汉语教学还没完全摆脱语文路子。

按照课程内容的性质,现代汉语专业的课程大体上可以分为四大类,即:语言课、语言知识课、文化课、兼具语言课和文化课性质的语言文化课。现行课程设置计划中的中级汉语、高级汉语和汉语写作(三年级)三门必修课都是语言课。在选修课中,从课程名称看,现代汉语方面的语言课有二年级开设的中级汉语阅读、汉语写作、报刊语言基础和新闻听力,三年级开设的报刊阅读,四年级开设的小说阅读和热门话题,三、四年级都开设的语言实习,二、三、四年级都开设的翻译以及最后的毕业论文;古代汉语方面的语言课有二年级开设的文言阅读。上述语言课中跟培养听、说能力有关的是新闻听力(一学年,每周2课时)、翻译(三学年,每周4课时)和热门话题(一学年,每周4课时)以及语言实习(三、四年级各1周)、毕业论文(四年级8周)。语言知识课有二年级开设的现代汉语语音、文字、词汇,三年级开设的现代汉语语法。文化课有二年级开设的中国近现代史和中国旅游地理,三年级开设的中国现代文学简史、中国经济、中国古代史和中国文化选讲,四年级开设的中国古代文学简史、中国哲学家选讲。兼具语言课和文化课性质的语言文化课有三年级开设的名著选读,四年级开设的中国古代白话小说选讲,三、四年级都开设的古文选读和中文信息处理。

在上述选修课中,"热门话题"和"中文信息处理"是近年来发展起来的新课。

"热门话题"课的任务是培养学生阅读理解中国报刊的能力和口头表达能力。教学方式是通过阅读中国报刊,选择学生普遍关心的问题,由学生在课堂上进行讨论和辩论。教师对学生在阅读理解和口头表达上出现的语言问题进行总结、讲解,以帮助他们提高语言水平。这门课的主要特点是:能够向学生提供自由表达的机会,激发他们主动阅读和口头表达的热情,充分发挥每个人的学习潜力,同时把培养阅读能力和口头表达能力有机地结合起来。

"中文信息处理"的任务是帮助学生了解电子计算机的基本知识,初步掌握有关的计算机语言和计算机的使用方法,初步学会在全屏幕操作下进行汉字文件处理。教学方式是教师讲解、示范与学生操作实习相结合。开设这门课的目的是为了帮助学生加深对汉语、汉字的理解并提高熟练程度,提高学习汉语的兴趣和热情,更好地适应现代技术发展的需要。

现代汉语专业从正式创建到1989年,刚刚走完了11个年头。11年来,这个新专业从无到有,从小到大,在实践中总结,在发展中改革,已经打下了良好的基础,正在逐步走向成熟。当前需要进一步研究解决的问题是:如何根据培养目标设计学生的知识结构和能力结构;如何进一步突出语言教学的特点,更加有效地培养学生的交际能力;如何进一步明确各门课程的性质,调整各门课程的比例,处理好各门课程的纵向和横向关系。在研究解决这些问题的过程中,自然要调整、改造、增设、精减一部分课程。以上这些也就是现代汉语专业所面临的新的改革任务。

综上所述,这些年来的改革在总结自己的经验和对各种语言教学法流派进行比较的基础上,逐渐形成了一种主要的教学法倾向或新的教学路子。这种教学法倾向或教学路子的特点可以概括为:以培养学生的交际能力为基本目的;根据学生的特点和学习目的确定教学内容;贯彻结构、情境和功能相结合的教学原则;用不同的方法训练不同的语言技能。

中国对外汉语教学有一个优良的传统,就是在研究和借鉴其他语言的教学理论和教学方法时,不是全盘否定自己,不加分析地照搬照抄,而是立足于自己的根基,从汉语和汉语教学的特点出发,吸收对自己切实有用的东西。上述新的教学路子不是对其他教学法流派的全盘照搬,而是对各种教学法流派的优点和长处的兼容并蓄;不是脱离自己的传统和70年代的最新探索,而是沿着传统和最新探索的路子继续前进。

上述教学路子并不代表一种统一的教学方法。在怎样选择教学内容,怎样实现结构、情境和功能的结合,怎样训练语言技能等方面,只是作出方向性的提示,而不是作出规定性的限制。教学方法的科学化、规范化和标准化是永无止境的,需要不断地进行探索。新的教学路子不是探索的终结,而是为进一步探索开辟的道路。也就是说,它是一条开放型的路子,而不是封闭型的路子。目标是明确的,道路是敞开的。

第三章　对外汉语教学学科理论的发展

理论是学科的灵魂,是学科发展的支柱,是学科成熟程度的主要标志。没有学科理论的学科是不存在的。对外汉语教学之所以能形成一门专门的学科,不仅仅是因为它有特定的教学对象,也不仅仅是因为它具备了学科建设的各种条件,最主要的还是因为它在发展中逐渐形成了自己的学科理论,并且以自己的学科理论推动着学科的全面发展。

对外汉语教学的理论研究有一个发展的过程。在 70 年代末以前,学界还没有明确提出对外汉语教学是一门专门的学科,虽然关于学科理论的研究早已开始,但是研究工作的指导思想不够明确,也没有受到足够的重视,所以未能充分展开,未能使对外汉语教学从经验型中摆脱出来。在国外语言教学理论的启发下,随着教学本身的发展,70 年代末提出要把对外汉语教学作为一门专门的学科来研究,80 年代初又提出了学科建设的基本任务,终于逐渐明确了理论研究在对外汉语教学中的地位,也逐渐明确了学科理论研究的对象、范围、目标和方法。在短短几年内,中国对外汉语教学的学科理论建设得到了迅速发展,取得了一系列研究成果。现在可以说,我们的理论研究已初步改变了以介绍和应用国外语言教学理论为主的状况,开始走上了以独立研究为主的发展道路。

对外汉语教学的学科理论包括教学理论和基础理论两个方面。教学理论是学科理论的核心,是学科存在的主要标志。它的直接研究对象是教学本身以及与教学有关的各种因素,主要研究内容是通过对教学的性质和特点、教学过程和教学活动以及与教学有关的各种因素的描写与概括,揭示教学的客观规律,提出教学法原则,以推动各项教学活动沿着科学化、规范化和标准化的方向向前发展。

作为一种第二语言和外语教学,在整个教学过程和全部教学活动中不但要遵循语言规律,而且要遵循语言学习规律。这里所说的语言规律,是指对语言现象的具体描写和对语言的性质和特点的概括。语言学习规律是指不同年龄、不同文化程度和文化背景、操不同母语的人是怎样学会一种第二语言或外语的。第二语言和外语教学的教学内容是一种特殊的系统,这种特殊系统是由语言要素和文化要素共同组成的。对有关语言要素和文化要素的切分和组合必须在语言规律允许的范围内,充分考虑语言学习规律。也只有从语言学习规律出发,才能更有效地利用语言规律。以上情况说明,语言规律和语言学习规律在语言教学中各自发挥不同的作用,它们既不能互相包括,也不能互相代替。语言教学系统是一种对立统一体,各种语言要素之间,各种文化要素之间,语言要素和文化要素之间,充满了错综复杂的矛盾。如何把这些矛盾统一起来,组成符合语言学习规律的教学系统,必须经过专门的研究。这就决定了开展语言教学理论研究的必要性。语言教学理论研究实际上就是研究对语言规律、语言学习规律的综合应用,语言教学理论就是对语言规律和语言学习规律进行综合应用而形成的一种应用理论,也就是被称为"语言教学法"的那种系统的理论部分(盛炎和张亚军主张称"教法学")。我们认为,所谓语言教学法,实际上就是把语言规律和语言学习规律统一起来的一种方法,就是根据语言规律和语言学习规律组成语言教学系统的一根纽带,就是对语言规律和语言学习规律进行综合应用而形成的一种应用理论。跟这种应用理论相对,关于语言规律和语言学习规律的理论,即语言理论和语言学习理论,就是对外汉语教学的基础理论。

上面提到,语言教学的内容是由语言要素和文化要素共同组成的。这里所说的文化要素,包括隐含在语言系统中的反映一个民族的价值观念、是非标准、社会习俗、心理状态和思维方式等跟语言理解和语言使用密切相关的所谓"交际文化"。不同民族语言中的这类"交际文化"有一定的差异，在语言中也有不同的表现形式。在学习外语或第二语言时，如果不同时学习目的语中的"交际文化"，不了解两种不同语言中的"文化差异"，就不能正确理解和正确使用所学的语言，在交际中甚至会闹出笑话。但由于这类"文化因素"在语言中是隐含着的，所以本族人往往"习而不察"，在语言教学中也往往被忽视。实际上，加强"交际文化"的教学，有助于提高语言教学的效率和成功率。不同民族语言中"交际文化"的差异也是有规律可循的，我们可以把这样的规律称为"文化差异"规律，只有通过"文化对比"研究才能把它揭示出来。我们认为，语言教学除了必须遵循语言规律和语言学习规律之外，还应当遵循"文化差异"规律。因此，跟"文化差异"规律有关的"比较文化"理论，也是语言教学的基础理论。

一般说来，教学理论是随着基础理论的发展而发展的，但教学理论的发展对基础理论研究也有促进作用。对外汉语教学理论的发展尤其能说明这一点。对外汉语教学虽然没有也不可能脱离有关的基础理论，但中国的对外汉语教学理论不完全是在中国的语言学和其他相关学科的影响下发展起来的。由于中国对语言教学理论和教学方法的研究起步较晚，成果较少，所以我们过去在对外汉语教学中除了注意总结实践经验以外，主要是向国外的教学理论和教学方法学习。但是我们所进行的毕竟是汉语教学，不论向国外学习什么样的教学理论和教学方法，都不可能把它们赖以建立的基础理论都移植过来，而必须以汉语和汉文化为根据，从汉语学习和汉语教学的特点出发，并尊重自己的实践经验。要使学生理解和掌握汉语，首先要针对他们学习的特点和难点，对汉语的语言现象作更加深入细致的描写；要进行汉语句型教学，就必须开展对汉语句型的研究；要把语言内容转化为学生的语言技能和交际技能，就必须研究学生掌握不同语言技能和交际技能的不同规律，并根据这样的规律去创造有效的教学方法；如此等等。我们在研究对外汉语教学理论和教学方法时，深深感到中国关于语言规律、语言学习规律和"文化差异"规律的研究远远跟不上对外汉语教学发展的需要。为了向对外汉语教学提供急需的"短线产品",对外汉语教学界和语言学界除了在原有的研究范围内继续向广度和深度开发以外,还开辟了一些新的研究领域。这就是教学理论研究对基础理论研究的促进作用。

中国对外汉语教学界和语言学界早已看到了理论与实践、基础理论和教学理论之间存在着互相促进的关系,所以已在实际上初步形成了一种"双向研究"的风气。所谓"双向研究",就是一个方向是从基础理论到教学理论再到教学实践,一个方向是从教学实践到教学理论再到基础理论。这种"双向研究"主要体现在总体上,即体现在不同的理论工作者和教学工作者研究方向的分工上,同时也体现在一部分教学工作者个人的双重研究方向上。对外汉语教学研究的实践证明,把教学理论研究和基础理论研究结合起来,从教学实践出发又以教学实践为归宿,有利于促进对外汉语教学学科理论的全面发展。

第一节　关于教学理论的研究

对外汉语教学理论的研究实际上从 50 年代就开始了。我们看到的最早的论文是周祖谟的《教非汉族学生学习汉语的一些问题》(《中国语文》,1953 年第 7 期)。该文从"汉语教学"的基本原则、教学的目的、教学的内容、进行的程序和教学的要点、教学的方法等五个方面,对教中国少数民族学生和外国留学生汉语的一些基本问题,从语言学和教学法的角度进行了较为全面的论述。这篇论文的主要功绩在于早在 50 年代初就把对外族人的汉语教学跟对本族人的语文教学以及语言学教学严格地区别开来,从"汉语教学"的特点出发提出了许多有价值的见解,从而为汉语作为第二语言和外语教学的理论研究奠定了初步的基础。只要发现直到今天还有不少人不了解汉语作为第二语言和外语教学既不同于对本族学生的"语文"教学,也不同于"语言学"教学,就更能体会到这篇论文的学术价值。后来,王学作和柯柄生联名发表了《试论对留学生讲授汉语的几个基本问题》(《教学与研究》,1957 年第 2 期),邓懿在 1955 年 10 月召开的现代汉语规范问题学术会议上发表了《外国留学生学习汉语遇到的困难问题》(《现代汉语规范化问题学术会议文件汇编》,科学出版社,1956),邓懿和杜荣等先后发表了《用拼音字母对外国留学生进行汉语教学》(《光明日报》,1957 年 12 月 5 日)和《用汉语拼音教外国留学生学习汉语的一些体会》(《文字改革》,1960 年第 4 期)。综观以上五篇论文的基本内容,从 50 年代初到 60 年代初,中国对外汉语教学理论研究方面的主要成就是:从最初阶段开始就明确了对外国人和中国少数民族学生的"汉语"教学不同于对中国汉族学生的"语文"教学,对成年人的教学不同于对儿童的教学,指出必须针对非汉族成年人学习"汉语"的特点进行教学;明确了对外国人和中国少数民族学生的汉语教学是培养他们实际运用汉语的能力;指出了结合对外国人进行汉语教学的需要加强汉语研究的必要性。在教学方法上的主要主张是:教学内容以词汇和语法为中心;系统地讲解语言知识并与学生的母语进行对比,以帮助学生在理解的基础上学习和掌握语言;从培养口语能力入手,逐步过渡到阅读和写作;采用"综合法"。当时对教学法还缺少全面的研究,对教学法的理解一般仅限于课堂教学的具体方法。课堂上用学生的母语进行翻译的叫"翻译法",不进行翻译的叫"直接法",两者结合使用的叫"综合法"。这一时期的教学法主张明显地受到斯大林的语言学说和苏联俄语教学法的影响。

从60年代初到"文化大革命"之前,对外汉语教学理论研究的重点是总结1950年以来的教学经验,进一步明确教学的特点、教学原则和教学要求,努力促进课程设计、教材、课堂教学方法和考试制度等向规范化的方向发展。1965年,北京语言学院在座谈总结的基础上,由钟梫执笔,写出了《十五年汉语教学总结》(《语言教学与研究》第四集,1979年2月)。该文从教学特点以及由此而产生的教学要求、教学原则与教学安排中的几个问题、教材编写中的几个问题、关于教学法的一些问题等四个方面,对1950年以来对外汉语教学的经验进行了较为全面的总结,对教学中遇到的问题和争论也进行了扼要的分析,我们从中可以看到这一时期教学理论和教学方法研究的重点和特点:

(1) 在分析学生特点的基础上提出了"学以致用"的教学要求。强调指出学生学习的时间很短,必须针对他们学习专业的需要选择教学内容。认为"少而精"是教学的总原则,但对"少"要掌握适度,要处理好数量和质量的关系。对理工汉语班要处理好打基础和结合专业的关系,既不能不结合,也不能结合得太早,要从日常生活和学习生活用语开始,逐渐过渡。

(2) 基本的教学原则是实践性原则。"实践性原则贯穿在各个阶段、各门课程中。"强调指出学生所学的是实践汉语,只能通过大量接触和运用语言材料来掌握语言。适当的理论讲解也是必要的,但必须"精讲多练"和使用归纳法。

(3) 主张"语文并进",语言技能的训练对不同的学生和不同的阶段各有侧重。基本倾向是由侧重听、说到侧重听、说、读再到其他。教学阶段的划分基本上以语音、语法、短文（词汇）为界，但不主张截然分开，特别强调语音教学要贯彻始终。课程设置考虑到语言技能训练的需要，主张以全面训练听、说、读、写能力的综合课为主课，贯彻始终；从语法阶段开始设听力课，从短文阶段开始设写作和口语课，在后期加强泛听和泛读训练。

（4）初级阶段的教材要处理好课文与语法结构的关系。既要有意识地由浅入深、从简到繁地把基本的语法结构编进课文，又不能因此而使课文失去生动性，更不能生造平常人不说的句子。

（5）主张在课堂上使用"相对直接法"。跟 50 年代一样，这一阶段所说的教学法，也主要是指课堂教学的具体方法，包括怎样教语音、怎样教语法、怎样教词汇和短文等。因此对"翻译法""直接法"的理解也限于在课堂上用不用翻译。这里所说的"相对直接法"是指在课堂上讲解语言知识时，既不完全用外语翻译，也不绝对禁止用外语解释。教材中的生词和语言知识仍保留外文译释。

到了 70 年代，中国对外汉语教学界开始加快了教学理论和教学方法研究的步伐。这一时期仅在《语言教学与研究》上发表的从 1974 年到 1979 年写成的有关论文和文章就有 23 篇。其中属于通论性质的有《汉语作为外语教学的实践性原则》和《谈谈基础汉语教学中的几个关系》（吕必松）、《浅谈汉语的特点及汉语教学》（黄政澄）、《利用汉语拼音对外国留学生进行汉语教学》（李德津）、《在专业汉语教学中试行突出听说、读写跟上的教法》（杜厚文）、《课堂教学的"死"与"活"》（杨俊萱）、《短文阶段的三种教学方法》（程善文）等 7 篇；对具体课型的教学进行专门论述的有《怎样对留学生进行〈文章选读〉课教学？》（郑万鹏）、《谈谈外国留学生的写作课教学》（李清华）、《外国留学生汉语文选教学中的几个问题》（徐缦华、王继志）、《对日本留学生的翻译课教学》（荀春生）等 4 篇，从语言内容教学的角度进行论述的有《谈谈汉字教学》和《再谈汉字教学》（王学作）、《"三声"变调及其教学》和《北京语音表在教学上的使用》及《四声连读与"辨调代表字"》(胡炳忠)、《语音教学和字音教学》(林焘)、《关于声调教学的一点建议》(石佩雯)、《汉语词汇教学琐谈》(张维)、《汉语语法教学中的辩证法》(任宣知)、《怎样引入新句型》(麻云明)等10篇;讨论专项语言技能训练的有《听力训练在语言教学中的作用》(石佩雯、李继禹)、《怎样教好示范朗读》(石佩雯)等2篇。

跟50年代和60年代相比,这一时期对一般教学原则和教学方法的探讨更加深入,对课堂教学开始从总的教学原则、具体课型的教学、语言内容的教学和语言技能的训练等不同的角度进行研究,从而使研究的内容更加具体。在教学理论和教学方法研究上的主要进展大体上可以归结为以下几点:

1. 对实践性原则的认识有所加深。明确了实践性原则不但包括"精讲多练"和采用归纳法等教学方法,而且包括教学内容和教学组织形式,不但要体现在课堂教学中,而且要体现在教材中,要贯穿在整个教学体系中。指出贯彻实践性原则的目的是更好地培养学生应用所学语言在社会上进行交际的能力,所以课堂实践要以社会实践为基础,为社会实践服务,从而突出了语言教学中的交际观念。指出实践性原则的理论根据是成年人学习外语的特点和辩证唯物论的认识论。

2. 对语言教学中各种关系即矛盾的认识有所加深。当时提出的几种主要关系是:理论和实践的关系,听说和读写的关系,单项训练和综合训练的关系,模仿和活用的关系("死"与"活"的关系),准确性和语速的关系等。在论述这些关系时,运用了对立统一观念。

3. 对加强语言技能训练的重要性的认识有所加深,并开始了专项语言技能训练方法的研究。这一时期探讨得较多的还是怎样处理听说和读写的关系,尤其是怎样加强听说训练。关于听说和读写的关系,有"全面要求,突出听说""突出听说,读写跟上""听说领先""听说先行"等不同的提法,基本倾向是主张加强听说训练。在论述听说训练的重要性时,往往以习得母语的程序(即按照听、说、读、写的顺序习得语言)为理论根据,这正是受"听说法"影响的反映。但是在教学的宏观安排上,从未把听说和读写完全割裂开来,即使听说"先行"或"领先",也只是体现在一堂课的教学环节或平行课型的教学分工上,而不是体现在整个教学过程中的先后顺序上。在专项语言技能训练方面,石佩雯、李继禹关于听力训练的专题研究在对外汉语教学中属于首创。林焘提出的语音教学要通过"语流"而不能通过"字流"的理论、胡炳忠研制的《北京语音教学总表》和他提出的"辨调代表字"等,对提高语音和声调教学的效果有积极意义。

4. 开始了语音、汉字、词汇、语法和句型教学以及文选课、写作课和翻译课教学的专题研究。这样的专题研究在对外汉语教学中也属首创,为以后进一步开展多角度的专题研究起到了开路的作用。在这些专题研究论文中,张维的《汉语词汇教学琐谈》论述比较全面,分析也比较中肯,不但反映了作者对汉语词汇和词汇教学的深刻理解,而且凝结了对外汉语教学中词汇教学的丰富经验。

这一时期的对外汉语教学理论研究,在指导思想和研究方法上的主要特点是:侧重于研究解决教学中的具体问题;比较自觉地运用辩证唯物论的认识论和对立统一观念分析教学中的矛盾,注意把理论研究、教学试验和总结实践经验结合起来;在论述具体教学问题时,较多地受到"听说法"及其理论基础——结构主义语言学和行为主义心理学的刺激反应理论——的影响。

真正把对外汉语教学作为一门专门的学科,从学科建设的高度开展教学理论研究,是从80年代初开始的。80年代初以来,中国对外汉语教学理论研究的目标更加明确,思路更加开阔,研究范围大大拓宽,研究成果空前丰富。仅根据对《语言教学与研究》《对外汉语教学》和《世界汉语教学》三种杂志以及对外汉语教学学会的三届学术讨论会论文选和两届国际汉语教学讨论会论文选的粗略统计,从1980年到1989年6月,中国学者发表的关于对外汉语教学理论和教学方法问题的论文和文章就有近

300篇之多。这些论文和文章的内容,大体上可以分为以下十个方面:

(1) 对外汉语教学的性质、特点和学科建设。

(2) 教学理论和基本教学法原则,国外语言教学法流派评介。

(3) 总体设计及相关理论、教学大纲的制订和教学评估。

(4) 教材、工具书的编写和评介。

(5) 语言内容教学和文化因素教学。

(6) 语言技能训练。

(7) 课堂教学、课程和课型教学。

(8) 短期汉语教学、科技汉语教学、预科和进修班教学、个别教学。

(9) 古代汉语教学。

(10) 测试。

除了散见的论文和文章以外,这一阶段还出版了一批论文集和系统论著,有:

(1)《对外汉语教学论文选》(即对外汉语教学研究会第一次学术讨论会论文选),中国教育学会对外汉语教学研究会,1983。

(2)《对外汉语教学论集》,《语言教学与研究》编辑部编,北京语言学院出版社,1985。

(3)《第一届国际汉语教学讨论会论文选》,北京语言学院出版社,1986。

(4)《汉语研究》第一辑,南开大学对外汉语教学中心编,南开大学出版社,1986。

(5)《对外汉语教学研究会第二次学术讨论会论文选》,北京语言学院出版社,1987。

(6) 吕必松:《对外汉语教学探索》,华语教学出版社,1987。

(7)《第二届国际汉语教学讨论会论文选》,北京语言学院出版社,1988。

(8)《汉语水平等级标准和等级大纲》(试行),中国对外汉语教学学会汉语水平等级标准研究小组编,北京语言学院出版社,1988。

(9) 杨惠元:《听力训练81法》,现代出版社,1988。

(10) 刘英林等:《汉语水平考试(HSK)研究》,现代出版社,1989。

(11)《汉语水平考试大纲》,国家对外汉语教学领导小组办公室汉语水平考试部编制,现代出版社,1989。

(12)《中国对外汉语教学学会第三次学术讨论会论文选》,北京语言学院出版社,1990。

上述论文和专著所反映的80年代初以来中国对外汉语教学理论和教学方法研究的主要特点和主要成就可以归结如下:

1. 开辟了新的研究领域——对外汉语教学的宏观研究。

70年代末、80年代初,中国对外汉语教学界在学习和借鉴国外语言教学理论和教学方法的过程中,逐渐认识到,跟语言教学的世界先进水平相比,中国的对外汉语教学还处于比较落后的状态。同时认识到,我们面临的问题不是局部的,造成落后的原因是多方面的。因此,任何一项局部的改革或改进都无法从根本上解决问题。要改变我们的被动和落后的状态,首先要从更高更广的角度分析各种内部和外部矛盾,弄清各种内、外因素之间的相互关系;同时要在此基础上,抓住关键,有计划、有步骤地进行系统的改革与建设。这一指导思想很快导致了对外汉语教学的宏观研究。研究的内容和成就可以归结为以下几点:

(1) 论述了对外汉语教学的性质和特点。

长期以来,不少人一直认为教外国人学汉语很容易,因此不重视对外汉语教学的理论研究,不重视提高对外汉语教师的业务素质。一部分对外汉语教师也认为教外国人学汉语是大材小用。普遍存在的各种误解实际上成了对外汉语教学学科建设和事业发展的严重障碍。为了使人们消除对对外汉语教学的误解,80年代以来,有不少文章和讲话分别从不同的角度论述了对外汉语教学的性质和特点。比较集中地谈到这一问题的有:《谈谈对外汉语教学的性质和特点》(吕必松,《语言教学与研究》1983

年第 2 期)、《和青年教师谈谈对外汉语教学》(王还,《对外汉语教学》1984 年第 4 期)、《EFL 与 CFL》(王晓钧,《语言教学与研究》1985 年第 3 期)、《关于加强对外汉语教学与研究的几个问题》(滕维藻,《汉语研究》第一辑)、《C＋FL≠TCFL＝C×FL——对外汉语教学本质之认识》(张德鑫,《中国对外汉语教学学会第三次学术讨论会论文选》,1990)等。《谈谈对外汉语教学的性质和特点》指出:对外汉语教学既是一种第二语言教学,又是一种外语教学。作为一种第二语言教学,它有别于汉语作为本族语教学,而跟其他第二语言教学有一些共同的特点和共同的规律。作为一种外语教学,它有别于对中国少数民族的汉语教学,而跟其他外语教学有一些共同的特点和共同的规律。然而,我们所教的毕竟是汉语,汉语本身的特点又决定了汉语作为第二语言和外语教学也有别于其他第二语言和外语教学。在教学重点的选择和教学内容的编排上,在听、说、读、写的关系的处理上,都必须从汉语的特点出发,不能照抄其他语言教学的做法。对外汉语教学的上述性质和特点决定了我们既要研究第二语言和外语教学的一般规律,又要研究汉语作为第二语言和外语教学的特殊规律。这就对从事对外汉语教学的教师提出了许多特殊的要求。要加快这个学科的建设,要尽快赶上把本族语作为外语教学的世界先进水平,在今后一个相当长的时期内,必须大力抓好理论建设和教师队伍建设这两项关键性的工作,并以此来推动教学方法的改革、教材建设、教学体系的建立和完善以及测试方法的改革等具体工作。

(2) 提出了学科建设的任务。

自从提出了要把对外汉语教学作为一门专门的学科来研究,并且阐明了这一学科的性质和特点之后,如何加强这个学科的建设,就成了对外汉语教学界普遍关心的问题。1983 年 6 月,吕必松在对外汉语教学研究会成立大会开幕词中提出,在学科建设方面,我们面临的最紧迫的任务是进一步改革和完善教学体系;加强理论研究,认真总结经验;加强教师队伍建设。1986 年 5 月,在《我国的对外汉语教学的形势与任务》(《世界汉语教学》1987年第1期)中进一步提出:教学质量、理论研究、教师队伍建设这三件事是互相联系、互相促进的。教学质量是中心,理论研究是关键,教师队伍建设是根本。因此要把它们作为一个整体来抓。1987年12月在《关于对外汉语教学学科建设的一些问题》[①]中又指出:"改革和完善教学法体系以提高教学质量、加强理论研究以提高学术水平、加强教师队伍建设以提高教师素质这三项学科建设任务之间的关系,既是一种递进的关系,又是一种互相促进的关系。……只有认识到这种递进和互相促进的关系,才能把三者当作一个不可分割的整体,才能在工作中自觉地把三者紧密地结合起来。"

涉及学科建设问题的有代表性的论文和文章还有:《汉语教员应具备的语音基本功》(赵金铭、李明,《语言教学与研究》1981年第1期)、《外语在对外汉语教学中的作用》(施光亨,《语言教学与研究》1983年第2期)、《漫谈语言教学法的研究》(吕必松,《语言教学与研究》1984年第3期)、《建设对外汉语教学这个新兴学科》(张道一,《第一届国际汉语教学讨论会论文选》,1986)、《柳暗花明又一村——重视近代汉语研究是提高现代汉语教学质量的途径之一》(张清常,《世界汉语教学》预刊第2期,1987)、《谈谈对外汉语教师的在职培训》(邓恩明,《中国对外汉语教学学会第三次学术讨论会论文选》,1990)、《试论对外汉语教师队伍的建设》(李兰英,同上)、《外语教学法流派的发展趋势与汉语教学理论研究》(盛炎,《语言教学与研究》1989年第1期)、《关于对外汉语教师业务素质的几个问题》(吕必松,《世界汉语教学》1989年第1期)等。这些论文和文章分别从不同的角度对学科建设的有关问题,例如学科理论研究的对象和范围、教学法体系的建立、对教师业务素质的要求和培养提高的方法等,进行了较为详尽的论述。

---

① 中国对外汉语教学学会华东地区协作组.关于对外汉语教学学科建设的一些问题[A].面向世界的汉语教学[C].上海:复旦大学出版社,1992.

（3）提出了总体设计理论。

长期以来，中国对外汉语教学没有科学的教学大纲和教学计划，课程设置比较混乱，教材编写带有一定的盲目性。为了解决这一问题，从1982年开始，吕必松在一些讲话和文章中多次谈到了总体设计问题，很快引起了对外汉语教学界的重视。1982年6月，北京语言学院来华留学生一系文科教学大纲编写组起草了《二年制文科班课程设置计划及有关问题（讨论稿）》（修改稿发表于《汉语研究》第一辑）。这是第一个跟总体设计有关的文件。后来，鲁健骥发表了《基础汉语教学的一次新的尝试——教学试验报告》（《对外汉语教学论文选》，1983），李更新和程棠先后发表了《文科进修班汉语教学的课程设置》（《语言教学与研究》1984年第4期）、《关于基础汉语教学总体设计中的几个问题》（《第三届科学报告会论文选》，北京语言学院，1985），吕必松发表了《基础汉语教学课型设计和教材编写的新尝试》（《语言教学与研究》1985年第4期）。在1986年举行的对外汉语教学研究会第二次学术讨论会上，总体设计是中心议题之一。与会代表提供的有关论文有：《试论对外汉语教学的总体设计》（吕必松）、《零起点一年制留学生基础汉语教学总体设计》（上海外国语学院对外汉语系）、《关于二年制进修班课程设置和教材编写的设想》（王振昆、贾甫田）、《提高教学质量的关键——谈汉语初级班总体设计问题》（金振邦）、《对外汉语教学入门阶段以突出听说为好——兼谈课程设置》（陈绥宁）、《汉语专修班的课程设置要突出实践性原则》（何子铨）、《对外汉语教学总体规划、课程设置及教材编写的初步设想》（李传槐执笔）、《谈谈对进修生的汉语教学》（徐缦华）等（以上均见《对外汉语教学研究会第二次学术讨论会论文选》，北京语言学院出版社，1987）。此后陆续发表的论文和文章还有：《对课程设置纵横关系的思考》（李忆民，《世界汉语教学》预刊第1期，1987）、《试论对外汉语基础课程（教材）结构》（刘英林、李景蕙，《世界汉语教学》预刊第2期，1987）、《四年制对外汉语教学总体设计提要》（李扬、康玉华、田桂文，《中国对外汉语教学学会第三次学术讨论会论文选》)、《听说与读写分阶段教学的尝试》(贾铃,同上)等。

上述论文按内容可以粗略地分为三大类。一类是从理论上进行全面论述,如《试论对外汉语教学的总体设计》;另一类是提出粗线条的设计方案,如《零起点一年制留学生基础汉语教学总体设计》;再一类是以研究课程设置为主,如《文科进修班汉语教学的课程设置》。大部分论文属于最后这一类,这是因为课程设置计划是对外汉语教学中最迫切需要解决的问题之一,具有最直接的现实意义。从理论上进行全面论述的文章虽然比较少,但把有关的观点综合起来,可以看到一个初步的理论框架。我们可以把这个理论框架的要点概述如下:

1) 语言教学的全过程和全部教学活动可以归结为四大环节,即总体设计、教材编写、课堂教学和测试。这四大环节是环环相扣,缺一不可的。它们之间的关系是:总体设计是其他环节的前提和主要依据;教材编写是课堂教学的基础;课堂教学是直接帮助学生掌握语言的中心环节,其他环节都必须为这个中心环节服务;测试是检验的手段,它不但检验学生的学习成绩和达到的水平,而且检验包括测试本身在内的全部教学活动是否科学、合理、有效。

2) 每一种类型的语言教学都是一个立体结构的实体。这个立体结构的主要构件和它们之间的关系是:

教学对象的自然状况。包括年龄、文化程度、文化背景、母语跟目的语的关系、原有的汉语程度等。

教学对象的学习目的和培养目标。

教学要求。包括各项语言技能和交际能力应达到的水平,由教学对象的学习目的和据此确定的培养目标决定。

教学内容。包括语言内容、语言技能、文化内容、交际技能。每一项内容都要确定范围和数量,范围和数量的选择由教学要求决定。

教学途径。包括专业类型和教学阶段的划分、课程设置计划、教材编写方案、课堂教学法原则、测试方法等。教学途径由教学要求、教学内容、教学法原则等多项因素决定。

教学法原则。包括如何处理语言与文化的关系、语言内容和语言技能的关系、语言内容诸要素（语音、文字、词汇、语法、句型、功能项目等）之间的关系、语言技能诸要素（听说和读写以及听和说、读和写）之间的关系、语言和文化知识的传授与语言技能的训练和交际技能的培养之间的关系、学生的母语与目的语之间的关系以及教和学的关系等。教学法原则由教学对象的自然状况、教学要求和教学内容决定，用于指导教学途径的确定。

3）以上两点决定了总体设计的必要性。总体设计的任务就是根据语言、语言学习和语言教学的一般规律，结合汉语和汉语教学的特点，提出全面的教学方案，使整个教学过程和全部教学活动成为一个统一的、协调一致的、科学的整体。总体设计的内容和工作程序是：根据教学对象的学习目的确定培养目标和教学要求；根据培养目标和教学要求确定教学内容；根据学生的自然状况、教学要求和教学内容确定教学法原则；根据教学要求、教学内容和教学法原则确定教学途径。

4）总体设计的基本原则包括交际性原则、针对性原则、科学性原则和可行性原则。

5）总体设计是一项系统工程。它的直接理论基础是语言理论、语言学习理论和比较文化理论，同时又要以一定的教学经验为依据。因此，总体设计不但直接反映对语言规律、语言学习规律和"文化差异"规律的研究和认识程度，而且直接反映教学经验的成熟程度。

总体设计理论在对外汉语教学中的主要意义和作用是：有利于提高人们对语言教学的宏观认识，以便在教学工作中提高自觉性，减少盲目性；有利于加强对教学全过程和全部教学活动的综合研究以及对各个具体教学环节和各项具体教学活动的专题研究，并推动语言教学基础理论的研究；有利于在教学业务的基本建设和日常教学工作中树立全局观念和系统观念，抓住工作的重点和关键；有利于建立科学的教学体系，并推动各项教学活动向标准化和精密化的方向发展。

为适应总体设计、教材编写和汉语水平考试（HSK）研究的需要，中国对外汉语教学学会组织研究制订了《汉语水平等级标准和等级大纲》(试行)。研究小组成员有：李景蕙(北京语言学院，任组长)、赵贤州(上海外国语学院，任副组长)、董明(北京师范大学)、贾甫田(南开大学)、刘英林(北京语言学院)、盛炎(北京语言学院)、赵燕皎(北京大学)。研究工作从1987年6月开始，到1988年1月完成了第一阶段的任务，即完成了五级标准中的前三级标准的制订，并编制了相应的《词汇等级大纲》和《语法等级大纲》。计划中的最后两级标准和相应的词汇和语法大纲以及全部功能大纲和文化大纲尚待组织研究制订。已完成的部分经国家对外汉语教学领导小组办公室初步审定，作为"试行本"出版，供参考试用并继续征求意见。第一阶段任务完成后，研究小组成员发表了一组介绍和总结性文章，包括：《略述汉语水平等级标准的制订》(赵贤州，《世界汉语教学》1988年第4期)、《〈汉语水平等级标准〉(试行)对语言技能的要求》(李景蕙，同上)、《谈〈汉语水平等级标准和等级大纲〉(试行)的使用》(董明，同上)、《〈汉语水平等级标准和等级大纲〉(试行)与国外一些标准和大纲的比较》(盛炎，同上)、《〈语法等级大纲〉(试行)对几个关系的处理》(贾甫田，《世界汉语教学》1989年第1期)、《〈汉语水平等级标准和等级大纲〉(试行)的研究方法》(刘英林，同上)。这些也都是总体设计理论的组成部分。

2. 对各个教学环节和各项教学活动的研究全面展开。

对教学本身进行广泛的、多角度的专题研究，是这一阶段对外汉语教学理论研究的特点之一。前面提到，根据对几种主要杂志和几部主要论文选的统计，1980年以来中国学者发表的关于对外汉语教学理论和教学方法的论文和文章有近300篇之多。这近300篇论文，大部分是从不同的角度对各个教学环节和各项教学活动进行专题研究的。从四大环节的角度进行研究的共108篇，其中关于总体设计(含课程设计和教学大纲制订)的23篇,关于教材、工具书的编写和评介的53篇,关于课堂教学的20篇,关于测试的12篇;从语言内容和文化因素教学的角度进行研究的共53篇,其中关于语音教学(含声调和语调教学)的14篇,关于语法教学(含虚词教学和病句分析教学)的10篇,关于词汇教学的8篇,关于汉字教学的11篇,关于文化因素教学的6篇,关于古代汉语教学的5篇;从语言技能训练的角度进行研究的共18篇,其中关于听力训练的5篇,关于口语训练的6篇,关于阅读训练的5篇,关于写作训练的2篇;从课程教学的角度进行研究的共32篇,其中关于听力课教学的1篇,关于口语课和听说课教学的2篇,关于视听说课教学的3篇,关于文选课教学的5篇,关于阅读课教学的2篇,关于报刊课和新闻听读课教学的9篇,关于写作课教学的4篇,关于翻译课教学的4篇,关于语言实践活动的2篇;从教学类型的角度进行研究的共23篇,其中关于科技汉语教学的6篇,关于短期汉语教学的14篇,关于进修生和预科生教学的各1篇,关于个别教学的1篇。

因为不少论文的内容有跨类或相互交叉的现象,所以上面的分类只能是粗线条的。通过这种粗线条的分类,我们至少可以看到这样一种概貌和趋向:研究范围之广泛,几乎已涉及整个教学过程和全部教学活动的所有方面,其中大部分研究领域都是80年代以来新开辟的;对每一个教学环节和每一项教学活动都开始了多角度的研究,因此从总体上说,对外汉语教学理论和教学方法的研究已达到了一定的深度,并为进一步的综合和深化创造了条件;一部分传统研究领域的加强和新的研究领域的开辟,例如关于总体设计的研究(包括教学大纲和课程设计的研究),关于教材编写和测试的研究,以及关于文化因素教学和语言技能训练方法的研究等,反映了现阶段对外汉语教学发展的特点,即一方面继续探索新的教学路子,一方面努力开辟使教学走向规范化和精密化的途径。

80年代就有关教学环节和教学活动开展专题研究所取得的成果,除了上述近300篇论文以外,还出版了和即将出版一批专著。出版教学理论和教学方法方面的专著,在对外汉语教学史上还是首次。在已经出版的著作中,杨惠元的《听力训练81法》①和刘英林主编的《汉语水平考试研究》②反映了有关领域突出的研究成果。

《听力训练81法》是一本研究单项语言技能训练的著作。该书除了主体部分"听力训练81法"以外,还收录了作者在杂志上发表过的《听力教学初探》《听力教学再探》《听力教学三探》3篇论文,并以两份教材样本作为附录。全书虽然只有96页,但内容相当丰富。正如赵淑华为该书所作的序中所说:"作者在《听力教学初探》《再探》《三探》3篇论文中对听力理解的本质、听力教学的重点、不同教学阶段听力训练的特点、听力教材的编写原则以及听力教学在整个对外汉语教学中的地位等问题从理论上作了比较全面而系统的分析和阐述,这也正是他归纳《听力训练81法》的理论基础。""《听力训练81法》中介绍的每项教学方法都有明确的教学目的,针对性较强,而且大多活泼有趣,简便易行,因此才能取得'提高学生听力技能,活跃课堂气氛,激发学生兴趣'这样好的教学效果。"这部书不但对听力教学有直接帮助,而且对其他语言技能训练的研究有启发作用。它代表了对外汉语教学研究向纵深发展的一种趋向。

《汉语水平考试研究》是一部论文集,内容包括:由参加汉语水平考试研究工作的一部分人员分别撰写的17篇论文以及汉语水平考试(HSK)大纲、汉语水平考试(HSK)样题及答案、HSK常用词汇一览表。17篇论文中,除了1篇是关于成绩测试的以外,其余都是关于水平测试的。

语言测试是语言教学的一个重要组成部分。根据不同的测试目的,语言测试可分为学能测试、成绩测试、水平测试等不同的类型。学能测试的目的是检查测试对象学习外语或第二语言的潜在能力(即天资)。这种测试一般在教学之前举行,主要作用是考察测试对象是否适合或在多大

---

① 杨惠元.听力训练81法.北京:现代出版社,1998.
② 刘英林.汉语水平考试研究,北京:现代出版社,1989.

程度上适合学习外语或第二语言。成绩测试的目的是检查学生的学习成绩。这种测试都是在教学过程中举行，主要作用是评定学生的学习成绩，评估教学效果，发现教学中存在的问题以便加以解决。成绩测试的内容和方法必须跟教学要求以及体现在教材和课堂教学中的教学内容和教学方法相一致。水平测试的目的是鉴定测试对象的外语或第二语言水平。这种测试跟教学过程本身没有直接的联系，测试内容和测试方法以能够有效地反映测试对象的实际语言水平为原则，而不以某一部特定的教材或某个具体教学单位所使用的特定的教学方法为依据。水平测试的直接作用是证明测试对象的外语或第二语言水平是否能适应某种需要，间接作用是为评估教学、调整教学要求、改进或改革教学内容和教学方法提供参考。上述三种不同类型的测试不能相互代替。学能测试只是测量测试对象学习外语或第二语言的能力，不反映他们的学习成绩或已经达到的水平；成绩测试只是测量学生的学习成绩，每个教学单位都有自己的成绩测试，由于不同教学单位的教学要求、教学内容和教学方法往往不同，考试制度和考试方法以及试题的难易程度和评分标准也往往不同，所以同样的成绩不一定能反映同样的水平；水平测试则以尽可能客观的标准去测量测试对象的实际语言水平，有专门的考试大纲、统一的试题和统一的评分标准，能够保证达到同样分数线的测试对象具有相同的语言水平。但是中国对外汉语教学中向来只有成绩测试，没有学能测试和水平测试，这说明考试制度是很不健全的。考试制度不健全，必然会影响整个教学的发展。

为了适应对外汉语教学发展的需要，北京语言学院于1984年秋天成立了专门小组，开始研究汉语水平考试。这是一项复杂的工程，后来列入国家教委博士点基金项目。经过5年的工作，研究小组明确了汉语水平考试的性质、特点和作用，制订了考试大纲，确定了卷面构成、命题原则和命题方法，在此基础上编制了大量试题，经过测试、筛选，形成了若干套比较理想的试题，为进一步进行题库建设打下了坚实的基础。在试测、统计分析和跟踪调查的基础上,初步界定了汉语水平等级标准、学习结业标准、编班标准和入学标准,为正式建立汉语水平考试制度创造了条件。此项研究的大量工作是命题试测、计算统计、试卷分析。到1989年5月为止,分期分批对来自85个国家和地区的5546名外国人(主要是留学生)和国内49个少数民族的1665名大学生进行了试测和试用。对试测和试用的情况进行统计分析的结果证明:试卷能够根据不同的成绩划分出不同的汉语水平等级;这些不同的等级跟学生的学习成绩基本上是一致的;根据评定的等级对继续学习汉语的学生进行编班,能够基本保证全班水平比较齐整;经过汉语水平测试入系学习专业的学生,学习过程中是否存在语言上的困难以及困难的大小,跟汉语水平等级基本上是一致的;多年和大规模试测所反映的结果基本相同。这些情况充分说明,已经组成的试卷能够较为准确地测量出学生的实际语言水平。汉语水平考试研究的成功,标志着中国对外汉语教学向规范化、标准化和精密化的方向迈出了重要的一步。随着汉语水平考试制度的建立,必将对中国的对外汉语教学乃至世界汉语教学发挥积极的反馈作用。

刘英林主编的《汉语水平考试研究》一书,既是汉语水平考试研究工作的记录和经验总结,也是对语言测试理论的探讨。这部著作的意义和作用,正如张清常在为该书所作的序中指出的:"我认为这本专著和同类的其他研究成果不但在'对外汉语'教学的总体设计、教材编写、课堂教学几方面是有力的促进,而且必将在中国中小学的汉语教学改革中起推动作用,因为它作出了榜样,它的科学依据、设计编制方法等,值得我们深思。这本专著问世,将在中国语文教学(包括'对外汉语''民族语文'教学)这一湖心投下一块巨石,它的影响将是多方面而且长远的。"

3. 对教学法原则的研究进一步深化。

这一阶段侧重于论述教学法原则或主要内容跟教学法原则紧密相关的论文和文章约20篇。其他论文和文章一般也都涉及教学法原则问题,这是因为教学法原则贯穿在整个教学过程和全部教学活动中,所以凡是研究教学理论和教学方法的论文,一般都不可能离开对一定的教学法原则的论述。正因为发表了一批跟教学法原则有关的专题论文,大量关于教学理论和教学方法的论文也从不同角度涉及了教学法原则问题,所以从总体上看,对教学法原则的论述在广度和深度上都有了较大的发展。但是对教学法原则进行总体研究的文章并不多,所以这里不能做出全面的总结,只能从发展的角度,把这一阶段的主要进展归结如下:

(1) 引进了"交际性原则"的概念。

语言是人类最重要的交际工具,语言教学就是为了培养学生运用所学语言进行交际的能力,这在对外汉语教学中是早已明确了的。但是我们过去只讲实践性原则,不讲交际性原则,说明我们还没有把培养交际能力提到应有的地位。从语言教学的本质看,交际性原则应高于实践性原则。随着对功能法的大量介绍,对外汉语教学界普遍增强了培养交际能力的意识。与此同时,也引进了"交际性原则"的概念。刘道尊、王德珮在《俄语作为外语教学与研究的发展及现状》(《语言教学与研究》1983年第1期)一文中提到:"俄语作为外语教学的交际原则受到普遍重视与实际贯彻。"1984年,王德珮、康玉华在《教材的针对性——编写日生用基础汉语课本的几个原则》(《对外汉语教学》1984年第4期)一文中谈到:"我们决定按照交际性原则,用情景法来组织教材。"1986年,吕必松在《试论对外汉语教学的总体设计》(《语言教学与研究》1986年第4期)一文中把交际性原则列为总体设计的第一项基本原则,并指出:"因为语言教学的目的是为了培养学生运用所学语言进行交际的能力,所以在确定培养目标和教学要求、选择教学内容和教学途径以及规定教学法原则时,都要以有利于学生在最短的时间内最大限度地形成所必需的语言交际能力为出发点。衡量总体设计优劣的唯一标准,就是看它能不能为最有效地培养学生所必需的语言交际能力作出科学的宏观安排。"1987年,王德珮在《谈句型教学中交际性原则的应用》(《语言教学与研究》1987年第4期)一文中指出:"贯彻了实践性原则并不等于贯彻了交际性原则。""交际性原则主要是强调在实践中为学生设计和提供尽可能真实的交际情景。让学生感到有交际的需要而进行内容合乎实践的模拟性交际,学会'在什么时候、什么地点、用什么方式来表达最为合适',也就是说,交际性原则要求教学内容的交际化、课堂教学环节的交际化和操练形式的交际化。"

(2) 揭示了语言内容、语言技能、交际技能及文化背景知识的相关性和一致性。

80年代以来,中国对外汉语教学界对第二语言教学的本质的认识已发生了很大的变化。最重要的变化之一是逐渐看到了语言内容、语言技能和交际技能及文化背景知识的相关性和一致性。吕必松在《试论对外汉语教学的总体设计》中指出:"人们的语言交际能力离不开以下三个方面的因素:一是语言内容,即语音、词汇、语法、修辞(书面语言还包括文字)等;二是语言技能,即听、说、读、写、译的能力;三是有关的文化知识。语言内容、语言技能和文化知识这三者是紧密联系在一起的,实际上,它们之间可能存在着某种程度的对应关系。"路家琳在《谈语言交际能力》(《对外汉语教学研究会第二次学术讨论会论文选》,北京语言学院出版社,1987)一文中对"交际能力"这一概念的由来和内容进行了专门的论述,认为:"语言交际能力包括了两方面的内容:一是语言能力,一是社会文化能力。""语言能力指的是听、说、读、写能力。语言能力的训练,须注意两点:一是训练的内容,二是训练的方法。"吕必松在《关于对外汉语教学学科建设的一些问题》中特别提出了语言内容与语言技能的关系问题,认为:"语言内容(语音、语法、词汇等)和语言技能是一种对立统一体,对任何一个具体的人来说,语言内容是一种客观存在,它不因某人是否存在而受到影响;而语言技能总是和具体的人联系在一起的,要把客观存在的语言内容转化为个人的语言技能,必须经过学习。这就是一条语言规律。"

值得强调指出的是,80年代以来,长期被忽视的文化因素的教学受到了越来越多的重视。吕必松在《语言教学中结构、意义和功能的结合》

(美国《中国语文教师学会学报》1981年第2期)一文中提到,"由于历史、生活环境等方面的原因,各民族的观念、心理特点和风俗习惯也不可避免地存在着一些差别。这种差别不仅要反映到语言本身的特点上来,而且要反映到语言的使用上来。"在《谈谈对外汉语教学的性质和特点》一文中进一步谈到:"人们在运用语言进行交际时,总离不开一定的文化背景知识。""在不同的社会制度和文化传统的影响下,人们的价值观念、风俗习惯等除了有阶级的差别以外,还有一些民族的差别。这些差别也属于文化背景知识。""不同民族的文化传统、风俗习惯以及观念和心理上的差别会带来语言使用上的差别。""外语教学中不但要通过文化背景知识的教育来帮助学生理解语言本身,而且要设法使学生通过了解有关的文化背景知识来消除心理上的障碍,以便能正确地使用所学的语言。这也是外语教学的一个特点。"张占一在《汉语个别教学及其教材》(《语言教学与研究》1984年第3期)一文中对语言与文化的关系进行了专门的论述。他强调指出:"我们可以有把握地说:离开特定文化背景的语言是不存在的。要想真正掌握这种语言,必须了解产生、使用这种语言的特定社会文化背景。""在语言教学中,对属于交际文化的知识要采取'一个不漏'的原则,一一加以介绍。"复旦大学留学生部汉语教研室在《语言教学与文化背景知识的相关性》(《语言教学与研究》1987年第2期)一文中汇集了一部分教师和学生对语言和文化的关系的论述。陈光磊指出:"人们常说:民族语言是民族文化的形式。这样,对于一种语言的习得与教学,就绝离不开对这种语言所表现的文化内涵的了解,离不开对形成和使用这种语言的文化背景的了解。所以,外语教学的特点之一,就是在进行一种语言教学的同时,还必须进行与之相关的文化背景知识的教育。如果忽视了的话,这样的语言教学就是不完整的。在对外汉语教学中进行相关的中国文化背景知识的教学问题,是一个极其重要而迫切需要研究的问题。"贺国伟认为:"语言技能的培养必须和有关的文化背景知识结合起来,融文化知识(特别是习俗文化知识)于语言教学之中。"美国留学生康琳也说:"中美两国文化有不同的地方,要学好汉语,一定要了解中国的文化,了解中国人的生活和风俗习惯。"胡裕树、郑国雄在《对外汉语教学中的两个问题——为纪念〈语言教学与研究〉创刊10周年而作》(《语言教学与研究》1989年第2期)一文中强调指出:"语言是文化的重要组成部分,是文化的民族形式。深入了解语言所表现的文化内涵,是将语言知识转化为交际能力所不可缺少的必要条件。"

指出语言内容、语言技能、交际技能和文化背景知识的相关性和一致性,在对外汉语教学中不仅有重要的理论意义,而且有积极的现实意义。中国对外汉语教学仍然存在着这样一种情况,就是只注重语言内容的传授,而对语言技能和交际技能的训练以及文化背景知识的介绍重视不够,或者根本不重视。这种情况不但存在于一部分教师的课堂教学中,而且存在于一部分教材中。到目前为止,有些对外汉语教材仍然只注重语音、语法(句型)、词汇、汉字等方面的内容的选择、编排和讲解,而对语言技能和交际技能的培养以及文化背景知识的介绍很不重视。例如,有些教材所选择的语言材料不是没有足够数量的练习,就是练习的内容和方式仅仅是为了帮助学生掌握所学的语音、语法(句型)、词汇及汉字等方面的知识。这样的教材不利于训练语言技能和交际技能,显然跟教学目的不一致。但是人们一般并不认为这类教材在教学内容上有什么问题。出现这种现象不是偶然的,因为对外汉语教学中一直存在着这种情况,就是一提到教学内容,人们想到的只是语音、语法(句型)、词汇和汉字,似乎这些就是教学内容的全部。以上情况说明,语言教学中两个最基本的问题,即教什么和怎么教的问题,在对外汉语教学中还没有真正解决。

如果确认外语或第二语言教学的基本目的是培养学生运用所学语言在一定范围内进行交际的能力,那么,确定教学内容的范围必须首先考虑构成交际能力的因素。我们认为,人们的交际能力至少是由语言内容、语言技能、交际技能和文化背景知识这四个方面的因素构成的。因此,外语或第二语言教学至少应包括这四个方面的内容。这四个方面的内容有一定的相关性和一致性,但是不能互相包括或互相代替。

　　索绪尔第一个把语言和言语区别开来,这不但在语言学上具有划时代的意义,而且在语言教学上也具有重要意义。弄清语言和言语的区别,至少可以使我们明白,语言是一种社会现象,它不因某个个人是否存在而受到任何影响;而言语活动有个人的一面,言语的获得必须经过学习。如果沿着索绪尔的思路考虑问题,在语言教学中还应当把语言内容和语言技能区别开来。区别语言内容和语言技能不但跟研究教学内容有关,而且跟研究教学方法有关。

　　语言是由词汇、语法以及相应的语音和(书面语言的)文字等要素构成的,这些要素就是我们所说的语言内容。言语是由听、说、读、写的技能构成的,我们通常把这种技能称作语言技能。语言技能离不开语言内容,因为语言内容就存在于言语之中。这就是语言技能跟语言内容的相关性和一致性。这种相关性和一致性容易给人一种假象,好像言语仅仅是由语言内容构成的。于是在语言教学中就出现了把语言内容作为全部教学内容的现象。实际上,正如索绪尔所说:"言语活动是多方面的、性质复杂的,同时跨着物理、生理和心理几个领域,它还属于个人的领域和社会的领域。"(索绪尔,《普通语言学教程》第30页,商务印书馆,1980)由此可见,语言技能的形成不但取决于对语言内容的掌握,而且取决于有关的物理、生理和心理因素。此外,言语中的语言内容总是跟具体话语联系在一起的,具体话语中的语言内容是一种具体现象,也可以叫言语要素。作为言语要素的语言内容跟作为语言要素的语言内容在概念的内涵上有严格的区别,前者是指一种系统,而后者是指一个个具体现象。掌握作为言语要素的语言内容可以通过记忆,但对语言内容的记忆不能自动形成语言技能,因为语言技能具有综合性。语言技能的获得必须通过专门的操练,而且对听、说、读、写四项不同的语言技能必须用不同的方法进行操练。由此可见,语言内容和语言技能虽然有一定的相关性和一致性,但它们毕竟不处于同一个层面,在语言教学中绝不能把两者混同起来。

在对外汉语教学中,从理论到实践真正重视语言技能训练的时间还不算太长。近年来,随着培养交际能力的意识的增强,人们又开始认识到,仅仅重视语言技能的训练还是不够的。交际活动不但要求言语的正确性,而且要求言语的得体性。如果言语不得体,即使言语本身完全正确(即没有语音、语法、词汇等方面的任何错误)也不能达到交际目的,甚至还会闹笑话、出乱子。这方面的例子人们已举过不少。言语是否正确是语言技能方面的问题,而言语是否得体是交际技能方面的问题。交际技能必须以语言技能为基础,不具备语言技能就谈不上交际技能。这就是交际技能跟语言技能的相关性和一致性。这种相关性和一致性也容易给人以假象,好像语言技能就是交际技能。中国对外汉语教学中仍然存在着忽视交际技能训练的现象,大概就是受这种假象影响的结果。实际上,交际技能不是通过语言技能的训练就能自动获得的。因为它不但跟言语因素有关,而且跟语言心理和文化背景知识有关。要使学生较快地形成一定的交际能力,除了传授语言内容和训练语言技能以外,还必须通过一定的方式对交际技能进行专门的培养和训练。

在不同的社会制度、文化传统和生活环境的影响下,不同民族的价值观念、心理状态、思维方式、风俗习惯以及道德和是非标准等都会存在一定的差别,我们可以把这种差别叫"文化差异"。语言和民族文化是紧密相关的,这种"文化差异"不但要反映到语言本身的特点上来,而且要反映到语言的使用上来。因此,人们在学习和使用外语或第二语言时,不可避免地要遇到"文化差异"所造成的障碍。为了消除这种障碍,在外语和第二语言教学中必须加强文化背景知识的教学。文化背景知识的教学在语言教学中的重要性已经引起了各国语言教学工作者的普遍重视,近年来中国对外汉语教学界对这个问题也讨论得很多,在要不要加强文化背景知识教学的问题上,几乎看不出有什么分歧。因此可以说,关于加强文化背景知识教学的问题,至少在理论上或认识上已成了一个不成问题的问题。但是要在教学上真正解决好这个问题,恐怕还要走一段相当长的路程。这主要是因为还有大量的研究工作要做。

通过上面的论述我们可以得出这样的结论:如果从语言内容、语言技能、交际技能及文化背景知识的相关性和一致性的角度考虑问题,那么,所谓教什么,不但应当包括语言内容的选择、编排和讲解,而且应当包括语言技能和交际技能训练以及文化背景知识的介绍。语言内容不是教学内容的全部,如果不包括语言技能、交际技能和文化背景知识,就说明教学内容是不完整的。同样,所谓怎样教,也不但应当包括怎样传授语言内容,而且还应当包括怎样训练语言技能和交际技能,怎样介绍有关的文化背景知识,特别是怎样把这四者有机地结合起来。如果不包括这些,教学方法也是不完善的。

(3) 提出了结构、情境和功能相结合的原则。

语言教学中的结构法、情境法和功能法反映了不同的语言观和语言教学观。但是任何教学法都不是固定不变的,都会在实践中不断地发展和完善,并接受其他教学法的影响。1981年,英国语言教学法专家 L. G. 亚历山大来华讲学时谈到,功能—意念大纲有四种模式,即纯功能型、结构—功能型、功能—结构型、题目范围型。这显然是发展了的关于功能大纲的观念。根据这四种模式的大纲可以设计出不同类型的教材。亚历山大认为,纯功能模式的运用"是万分有限的","只适用于编写短语汇编(phrasebook)";结构—功能模式适用于编写初级教材,功能—结构模式适用于编写中级教材;题目范围模式"可能是最令人鼓舞的模式",*Nucleus*, *Encounters*, *Main Line*, *Follow Me* 等教材都是运用这种模式编写的。"观察这种方法在八十年代将如何发展,是件令人感到饶有兴味的事情。"(见 L. G. 亚历山大《语言教学法十讲》,科学技术文献出版社,1983)从亚历山大上面的论述可以看出,功能学派越来越趋向于走结构、情境和功能相结合的路子,只是他们不特别强调这一点。但是在中国的对外汉语教学中,结构、情境和功能相结合已成了一条被普遍接受的教学法原则,并已开始贯彻到总体设计、教材编写、课堂教学和测试等各个教学环节中去。

第一套贯彻结构、情境和功能相结合原则的教材《实用汉语课本·前言》中谈到:"这套教材的主要目的是培养学生在实际生活中运用汉语进行交际的能力,并为进一步学习汉语打下比较牢固的基础。本教材力求从汉语本身的特点出发,吸取不同的外语教学法的长处,通过句型替换、功能项目操练、语法分析等综合性的训练,来达到这一目标。""全书通过两个外国学生……在他们自己国家以及后来到中国学习汉语、跟中国朋友交往的情节,提供了一定的语言情境。"在同一时期和稍后编写的对外汉语教材,有不少也采用了结构、情境和功能相结合的原则。其中《现代汉语教程》(李德津、李更新主编,北京语言学院出版社,1988)等系列教材的编写,从大纲到教材,都明确地提出了结构、情境和功能相结合的原则,并且在如何结合的问题上,进行了全面的研究。(见李德津、樊平,《新编系列教材〈现代汉语教程〉的主要特点》,《第一届国际汉语教学讨论会论文选》)

提出并贯彻结构、情境和功能相结合的原则,是对外汉语教学在发展过程中不断总结自己的经验并兼容各种语言教学法的长处的必然结果。在接受功能法影响之前,中国的对外汉语教学基本上是走的结构法的路子,但是从来没有忽视在情境中教授和学习语言。自从60年代提出了实践性原则,70年代又引进了句型教学的方法以后,这条教学路子逐渐趋于成熟。《基础汉语课本》的出版、使用,是结构法的教学路子趋于成熟的重要标志。与此同时,教学实践经验使我们逐渐增强了加快训练语言技能和培养交际能力的意识,并通过教学试验等方式不断探索加快训练语言技能和培养交际能力的有效途径。功能法的出现使我们进一步打开了思路,由于在培养交际能力方面有一致的认识,所以在探索的过程中吸收功能法的优点可以说是水到渠成,顺理成章。

结构、情境和功能相结合的原则也是理论和实践相结合的产物。就是说,这三者要不要结合,能不能结合和怎样结合,是教学实践中遇到的问题,必须从理论上加以论证。语言是一种社会现象,是随着社会的产生而产生,随着社会的发展而发展的;语言不但是人类最重要的交际工具,而且也是思维的工具;语言的语法结构和基本词汇是语言的基础,是语言特点的本质。对中国语言学者来说,这些都是马克思主义语言学的基本常识。这些基本常识告诉我们,语言教学绝不能忽视语言的社会性和交际性,更不能忽视语法和词汇教学。中国的对外汉语教学正是沿着这样的思路在理论和实践上不断地进行探索的。我们自己的教学实践经验、各种语言学和心理学理论以及其他语言的教学理论和方法使我们的认识逐渐变得具体化。

1980年,吕必松在美国"中国语文教师学会"年会上发表的题为《语言教学中结构、意义和功能的结合》的论文,首先提出了三者结合的问题,并从理论上进行了论证。该文对三类典型的教学大纲——结构大纲、情境大纲、功能大纲——进行了比较,认为:"上述三种大纲存在着一个共同的缺点,就是结构、意义和功能的脱节。结构大纲从语言的结构形式出发,过分偏重形式而忽视意义和交际功能;情境大纲和概念大纲分别从交际场合和语义内容出发,无法兼顾语法规则的系统教学,难以控制教学内容的难易程度和句型、常用词的重现率。(在撰写此文时,未见到功能大纲有四种模式的论述——笔者注)但是它们也有各自的优点。结构大纲有利于学生按照由浅入深、循序渐进的原则系统地掌握语言的结构规则,情境大纲和概念大纲有利于把学和用结合起来,概念大纲更有利于针对学生的特殊需要。这就向我们提出了一个问题:能不能综合上述几种大纲的长处,扬弃它们各自的短处,建立起一种把结构、意义和交际功能较好地结合起来的新的教学体系?"回答当然是肯定的。该文具体论述了语言的结构跟意义的统一性,句子的结构、意义跟语言环境的统一性,创造性地使用语言的能力来源于词汇和语法规则的积累,认为这是语言教学中处理结构、意义和功能三者关系的三个决定性因素。根据这些决定性的因素,认为"语言教学中一方面要考虑语言本身的特点,就是在教某个具体的结构形式时,要通过一定的语言环境和上下文指出这种形式的意义和作用……另一方面又要考虑成年人的心理因素和语言习得过程的特点,就是要按照由具体到抽象、由简单到复杂的顺序,有计划、有系统地进行词汇和语法规则的教学……"。这里实际上是说明,结构、意义和功能的结合,是由语言规律和语言学习规律所共同决定的一条语言教学规律。该文最后提出了把结构、意义和功能结合起来,把语言规律和语言学习规律统一起来的办法:按照句型的难易程度安排教学内容的先后顺序;以句型(或语言点)为中心组织语言材料;以单个句型(或语言点)为教学内容的基本单位。

1982年,刘珣、邓恩明、刘社会在北京语言学院第二届教学经验和科研成果交流会上发表了题为《试谈基础汉语教科书的编写原则》(《语言教学与研究》1982年第4期)的论文,文章结合编写《实用汉语课本》的经验,提出了功能、句型、语法相结合的原则,并且从理论上进行了论证:"功能、句型和语法曾分别为不同的、甚至根本原则相对立的外语教学法所强调,能不能把这三个方面有机地融合在一起,统一于一个完整的教科书体系之中呢?我们认为,答案是肯定的。一般地说,一种新的教学法的长处,往往是针对并力图纠正前一种教学法的弊病而产生的,都有一定的语言学、教育学、心理学和哲学的理论依据,并经过实践的检验,反映了一定的客观真理。如果我们不是拘泥于某一种教学法并把它的长处强调到绝对的程度,而是运用辩证法的观点从事物相互对立而又统一的关系出发,恰如其分地分析它们的特点,就能扬长避短,收到相得益彰的效果。功能、句型和语法三个方面之间是有着内在联系的。句型和语法都属于语言形式的范畴,语言形式总是用来表达一定的意义的,而功能项目又总是通过一定的语言形式体现出来的。同时,我们知道,一种功能可以用多种形式来表达,一种形式也可以表达多种功能。这样,就有可能根据交际的需要和学生在基础阶段的语言能力,在教材中选择最适于表达某种功能的形式,或者为某种形式选择它最适于表达的功能。""功能、句型和语法相结合设想的特点在于它既能充分考虑到交际需要,又能贯彻句型的循序渐进的原则,同时也保证了语法体系相对的完整性。跟单纯以功能为纲或以语法为纲不同,在这里功能与语法、句型之间的关系是互相配合而又互相制约的,必须采取'兼顾'的原则,同时根据不同的学习阶段又有所侧重——入门阶段要多着眼于句型和语法的循序渐进;作为基础教材的后一阶段则要更多地突出语言功能——把它们统一在完成教科书的任务之中。"

上述两篇论文虽然都没有对情境教学进行专门的论述,但是实际上都包含了情境教学的内容。需要特别说明的是,刘珣等三位作者在撰写此文时,尚未看到吕必松的论文。但是在结构、情境和功能这三者要不要结合和能不能结合的问题上,两篇论文的观点和分析的角度如此相近,简直可以说是不谋而合。这种不谋而合反映了对外汉语教学的发展趋向。

4. 提出用不同的方法训练不同的语言技能。

这个问题是1982年在讨论汉语预备教育的课程设置原则时提出来的。《二年制文科班课程设置计划及有关问题》一文提到,按语言技能划分课型的好处之一是"有利于通过不同的方法分别对不同的语言技能进行集中训练。"后来吕必松在《基础汉语教学课型设计和教材编写的新尝试》(《语言教学与研究》1985年第4期)一文中提出:"不同的语言技能要通过不同的方法来训练。听、说、读、写是四种不同的语言技能,不同语言技能的习得方法不同。过去的精读课虽然要求对听、说、读、写进行全面训练,但在实际教学中并不是同时训练四种语言技能。为了训练不同的语言技能,每堂课都要不断地变换教学环节和教学方法。"

用不同的方法训练不同的语言技能,是语言教学的基本规律之一。其道理就像吃饭必须用嘴、走路必须用腿一样明显。实际上,每个教师都是这样做的,可以说是课堂教学的家常便饭。谁也不会用限制学生看书的方法去培养学生的阅读能力,或用限制学生开口的方法培养学生的口语能力,或仅仅通过视听说教学培养学生的写作能力。但是也许正因为是家常便饭,所以许多人对用不同的方法训练不同的语言技能这样一条基本规律似乎是习焉不察。不但习焉不察,而且还往往混淆语言内容的传授和语言技能的训练之间的界限,不明白语言是由语言内容和语言技能组成的一种对立统一体,语言内容和语言技能之间的关系是一种对立统一的关系,语言教学的任务之一就是把一定的语言内容转化为学生可以用于交际的语言技能。在这种情况下,提出用不同的方法训练不同的语言技能不但有利于帮助人们认识语言内容的传授和语言技能的训练这两者之间的区别,增强训练语言技能的意识,而且可以促使人们去研究不同语言技能的不同习得规律,并根据不同的习得规律去研究和设计有效的训练方法。

用不同的方法训练不同的语言技能虽然是在论证按语言技能划分课型的必要性和可能性时提出来的,但是这并不意味着它跟按语言技能划分课型有必然的联系。我们只能说按语言技能划分课型有利于用不同的方法训练不同的语言技能,而不能说只有按语言技能划分课型才能用不同的方法训练不同的语言技能。是否按语言技能划分课型,要根据多种因素分析其利弊得失。用不同的方法训练不同的语言技能只能作为参考因素之一。也可以说,用不同的方法训练不同的语言技能跟按语言技能划分课型是两个不同的论题。是不是用不同的方法训练不同的语言技能,是个是非问题;而是不是按语言技能划分课型,是一个要根据多种因素论证其利弊的问题。有一种意见认为,按语言技能划分课型会破坏形、音、义的结合。这说明没有弄清语言内容和语言技能之间的关系。还有一种意见认为,在语言技能形成之前,不可能按语言技能划分课型。这似乎是在说,不同的语言技能不是用不同的方法训练出来的,而是从一种固有的、统一的语言技能中划分出来的。这也说明没有弄清语言内容和语言技能之间的关系。以上两种意见都是把是非和利弊混为一谈。

提出用不同的方法训练不同的语言技能,目的之一是强调语言技能训练要有明确的目的,要确定出发点和侧重点,而不是否认各项语言技能之间有一定的连带关系,更不是主张在训练某一项语言技能时,不考虑发展其他语言技能,甚至人为地限制其他语言技能的发展。实际上,利用已经掌握的某一项或某几项语言技能去训练其他语言技能,在训练某一项语言技能时带动其他语言技能的发展,这正是语言技能训练的有效方法之一。因此,越是明确语言技能训练的目的、出发点和侧重点,越能自觉地利用各项语言技能之间的连带关系。《基础汉语教学课型设计和教材编写的新尝试》一文以文科班各课型之间的关系为例,详细说明了如何处理语言内容和语言技能的关系,以及在进行某一项语言技能训练时,如何利用这项语言技能跟其他语言技能的连带关系:"文科班按照读写训练→听力训练→说话训练的固定顺序进行教学。每种课型都为其他课型提供训练的基础,并通过实际应用,使学生在其他课型中学过的内容达到巩固和熟练。首先通过读写课让学生理解语音、词汇、语法现象,初步学会发音,学会认读和书写本课的汉字,并获得初步的语感。然后在听力课中利用读写课学过的部分语音、语法、词汇项目(共核)和少量新的语音、语法、词汇项目组成新的语言材料进行听力训练,并通过看板书、看课本、做练习等应用学过的汉字。就语音、语法、词汇内容来说,听力课是读写课的继续;就交际方式来说,听力课是另一种语言技能的训练。说话课再利用读写课和听力课学过的部分语音、语法、词汇项目(共核)及少量新的语音、语法、词汇项目组成新的语言材料进行说话训练,并再次通过看板书、看课本、做练习等应用学过的汉字。这样,就语音、语法、词汇内容来说,说话课是读写课和听力课的继续;就交际方式来说,说话课又是新的语言技能的训练。下一课读写课又在必要的听说活动中(读写课也离不开听说活动)利用听力课和说话课培养出来的听说能力。这样,每一课平行课都是一个小的教学循环。从认读开始,经过朗读、书写、听力、说话等各种训练,使学生对共核内容达到听、说、读、写全面掌握,对非共核内容根据具体要求达到局部掌握。从认读到口头表达是一个递进的过程,说话课是一个小的教学循环的高潮阶段。"从这一段叙述可以看出,用不同的方法训练不同的语言技能,即使在按语言技能划分课型的情况下,也要在单项语言技能训练中自觉地利用各项语言技能之间的连带关系。

如何认识和对待学生在语言教学中的地位和作用,也是语言教学中的一个原则问题。这一时期有不少论文涉及这方面的内容,但提法和研究的角度不完全一致。有的提以学生为中心,有的提学生的主体作用,更多的是从加强教学针对性和调动学生积极性的角度进行论述。但有关论述有一个共同点,就是强调要高度重视学生在语言教学中的地位和作用。

综上所述,中国对外汉语教学理论和教学方法的研究虽然到80年代才真正起步,但是这些年进展较快。现在我们不但在理论上已经打下了初步的基础,而且已经形成了一支研究队伍。今后一个时期的主要任务是更好地发挥这支队伍的作用,在现有研究成果的基础上进行综合和深化,并写出一批系统的理论著作。赵贤州、李卫民的《对外汉语教材教法论》(上海外语教育出版社,1990)和盛炎的《语言教学原理》(重庆出版社,1990),还有更多的著作在写作的过程中。我们相信,在今后几年内,关于教学理论和教学方法的研究将会有更大的发展。

第二节 关于基础理论的研究

前面谈到,对外汉语教学的基础理论包括语言理论、语言学习理论和比较文化理论。在这三者当中,关于语言理论的研究历史最长,成果也最多。相比较而言,关于语言学习理论和比较文化理论的研究起步较晚,成果也较少。

1. 关于语言理论的研究。

在语言教学中,语言理论、语言学习理论和比较文化理论有一定的内在联系。语言理论是三者的交叉点,其独立性和支配力最大。语言学跟语言教学没有关系的观点是不可思议的。很难设想在连起码的语音、语法、词汇知识都没有的情况下开展语言教学。谁也不能否认这些知识都是语言学的成果。实际上,如果离开了语言学,语言教学就寸步难行。对外汉语教学之所以能够存在并得以发展,首先是因为有一定的语言学基础。

语言学总是从宏观和微观两个方面指导和影响语言教学。对语言的本质和特点的描写,是认识语言学习和语言教学的本质和特点的依据之一。迄今为止所形成的各种语言教学理论和教学方法,无一不以一定的语言学为背景。这就是语言学在宏观上对语言教学的指导和影响。对语言现象的具体描写有助于指导和帮助学生理解和掌握语言。这种描写越全面、越深刻、越细致,对教科书的编写和课堂教学帮助越大。这就是语言学在微观上对语言教学的指导和影响。

我们认为,一切真正的而不是虚假的语言学成果都有利于语言教学。当然,除了一般的成果以外,语言教学还需要一些"短线产品"。所谓"短线产品",就对外汉语教学而言,就是直接结合教学需要、针对外国人或中国少数民族学习汉语的特点和难点开展研究的成果。

自从对外汉语教学成为一项专门的事业以来,为对外汉语教学提供

"短线产品"的研究一直没有间断。但在70年代中期以前,开展这类研究的主要是一部分专门从事对外汉语教学的人员,研究的内容偏重于语法和词汇,研究的成果主要体现在集体讨论、集体编写的对外汉语教材中,或停留在教师个人为课堂教学准备的教案中。最近十多年来,除了专门从事对外汉语教学的人员以外,许多语言学者也开始重视这类研究。研究的内容也大大拓宽,涉及对汉语特点的论述和具体描写、对具体语言现象的论述和尽可能详尽的描写、对词汇和句型的定量分析研究、语体特点的研究、汉语和外语的对比研究、外国留学生病句分析等广泛的领域。研究成果不但体现在对外汉语教材中,而且发表和出版了大量的论文和专著。

正确认识和阐明汉语的特点,有助于改进教学方法、把握教学重点和加强教学的针对性,也有助于帮助学生排除母语的干扰,增强学习的信心,缩短形成用汉语思维能力的过程。近年来,中国语言学界越来越重视对汉语特点的研究,有关论文都有助于对外汉语教学。其中直接针对对外汉语教学的当前需要进行论述的有陈贤纯的《学习汉语也并不难》(《语言教学与研究》1986年第1期)、吕必松的《〈速成实用汉语课本〉序》(现代出版社,1987)、陈光磊的《胡裕树谈怎样看待汉语语法的特点》(《语言教学与研究》1988年第1期)、伍铁平的《汉语并不难学》(《世界汉语教学》1988年第4期)等。陈贤纯、吕必松和伍铁平的文章都是针对"汉语难学"的观点论述汉语的特点的,只是论述的角度和方面不完全相同。陈贤纯对汉语中字和词的关系的论述很有见地。他指出,不同的语言有不同的信息编码系统。英语字母和汉字虽然都是书面语的一级编码系统,但两者不是一个层次,不在一个平面上。字母是没有意义的拼写符号,而汉字在古代是词,在现代仍然是语素,绝大多数汉字是有意义的,不少汉字本身直到现在仍然是词。显然,汉字比起字母来已经是高一级的编码了。各种统计资料表明,常用汉字只有3700左右,几万个词只不过是这3700个字的交叉组合。词的意思跟组合成分的意思虽然不同,但仍然有很密切的关系，至少是比较容易理解，比较容易记住。如果说学习汉字难，那么学习汉语的词汇是容易的。第一级编码难了，第二级编码就容易。教汉字是教词的一条捷径，如果我们能够抓住这一点，坚持教字，教字的构词能力，就能提高词汇教学的效率。陈贤纯指出，很多人在批评汉字的时候把汉字跟字母相提并论，说英语字母只有26个而汉字有成千上万，并且以此来论优劣，这是不正确的。吕必松的文章也指出，许多外国人以为汉语很难学，甚至以为汉语是世界上最难学的语言，这是一种误解。我们不能笼统地说哪一种语言好学，哪一种语言难学，因为学习的难易程度跟目的语与母语的差异程度有关。差异程度大，学起来难度也大，反之难度就小。一般说来，学习母语的亲属语言比较容易，学习母语的非亲属语言比较难。如果拿与学习其他非亲属语言相比，汉语不一定是最难学的。吕必松认为，汉语的语音、语法、词汇以及汉字的规律性和节约性都很强，主要强调了节约性。例如，汉语只有410多个音节性语音单位（即可以成为音节的声韵母组合），常用词也有限，如果能掌握4000个最常用的词，阅读一般的书籍困难就不太大了。外国人最害怕的汉字数量也有限，有关统计资料表明，如果学会2400个汉字，阅读时就基本上没有什么困难了。英文字母虽然不多，但拼写和读音并不都是完全一致的，大量的英义单词也要一个一个地死记硬背，学英文单词说不定比学汉字要花更多的时间。伍铁平的文章认为，如果没有汉字的阻碍，汉语并不比别的语言难学。他从五个方面进行了论证：第一，汉字同许多印欧语相比较，没有那么多屈折变化；汉语同日语这类黏着型的语言相比较，没有那么多表示语法关系的后附成分以及由此引起的词尾的那么多变化。第二，一般人都公认，汉语的音节数目比起许多语言来说，都少得多；绝大部分词是由一个或两个音节组成的。第三，汉语单音节词的语音组成以其"经济原则"著称。汉语只有400多个音节。加上四声的区别，也只有1300个左右，就构成汉语全部词素的语音外壳。这1300多个音节很少有不表示任何意义的。第四，汉语最少重复的或者叫多余的表达方法。

第五，汉语词的理据性（motivation）或者叫透明度（transparence）强，也就是说汉语中许多复合词和派生词在共时上可以分解为有意义的语素，因此同欧洲语言中某些理据性弱的词相比，要容易记得多。陈光磊的文章介绍了胡裕树对汉语特点的分析。胡裕树先生认为，缺少严格意义的形态变化，这是汉语同印欧语的根本差别，也是汉语语法的一个基本特点，由此产生一系列其他特点。这些特点是：语序是汉语里重要的语法手段；汉语词类和句法成分的关系是错综复杂的；在现代汉语里，音节的多寡影响语法形式；现代汉语里简称数量很多，自有特点。胡裕树就如何探讨汉语特点的问题提出了重要的见解。他认为，不能孤立地作对比，而要把汉语的民族特点纳入语言的一般性、共同性中去，透过语言的共同性和一般性来认识和描写汉语的语法特点。他以"们"字为例，通过对汉语和英语的"数"范畴作比较，阐释了上述的研究原则和方法。针对"三个学生们"这样的错误，胡裕树经过比较研究后指出：汉语中表数范畴有两种不同的手段。一种是词汇手段，即在名词之前用上表示复数的数词和量词，如"三个学生"，"三个"是定数，是计量的；另一种是词法手段，即在名词上加后缀"们"，如"学生们"，"们"表示的是不定复数，是不计量的。这种用于指人名词的不计量的复数，可以称之为"群"。按照汉语习惯，同一句子里不能既计量又不计量，既表示定数又表示群体。所以，"三个学生们"在汉语语法上就不合法了。赵金铭在评述这一段论述时指出："这种挖掘工作是深入细致的，既揭示了汉语语法特点，给外国学生讲起来又实用、贴切。"（赵金铭，1989）

在对外汉语教学中，加强和改进语音教学一直是人们关心的问题之一。要加强和改进语音教学，必须首先开展对汉语语音本身的研究。这十多年来，结合对外汉语教学的需要所开展的汉语语音研究已有所加强。徐世荣的《谈普通话变调中的两个小问题》（《语言教学与研究》第三集，1978）、钟梫的《关于汉语语音的若干问题》（同上）、李明的《"儿化"浅谈》（《语言教学与研究》1980年第1期）、陈亚川的《送气音在对外汉语教学中之地位及其识记问题》(《语言教学与研究》1983 年第 3 期)、赵金铭的《简化对外汉语音系教学的可能与依据》(《语言教学与研究》1985 年第 3 期)、施光亨的《现代汉语语音琐谈——声韵组合的命名、规范和频率》(《语言教学与研究》1986 年第 3 期)、石佩雯、李明的《全三声的使用和语调对第三声的影响》(《第二届国际汉语教学讨论会论文选》)、宋孝才、胡翔的《对"七""八"的变调调查》(同上)等论文,除了对汉语语音学本身有所贡献以外,也都是对外汉语教学所需要的"短线产品"。陈亚川的论文强调了在对外汉语教学中加强送气音教学的必要性,并提出了识别送气音的一些办法,即:可利用声韵调的拼合关系解决一部分送气不送气的字音识记问题;可综合利用汉语古今音演变规律以及汉语和日语的音读对应关系帮助日本人解决一部分送气不送气的字音识记问题。文中详尽举例说明了有关的对应规律。赵金铭的论文在对汉语语音的构成特点和《汉语拼音方案》进行全面分析的基础上,针对多数外国留学生音素拼合能力强的特点,提出了简化音系教学的完整方案。该文还提出:对外汉语教学"开始阶段的语音教学要简化,整个的语音教学可采取'蛛网式'的教法,先拉线,即粗给经过简化、适合外国人学习的声、韵、调系统,以后再织网,即不断地正音、巩固。"施光亨的论文讨论了三个比较重要的具体问题:第一个问题是,指出许多论著中把声韵组合和声韵调组合都叫"音节",这是自相矛盾的、不科学的。因此主张把声母和韵母的组合叫"声韵组合",把声、韵、调的组合叫"音节"。第二个问题是,指出人们对汉语的音节数说法不一,各种教科书和辞书包括的音节数也不统一。作者通过对大量资料的统计、比较和分析,发现各书均予收录的声韵组合有 395 个,有分歧意见的 31 个;这 31 个声韵组合出现在 66 个汉字中,这 66 个汉字分别为方言字、古语字、异读字、拟人或物语气和声音的字。第三个问题是,根据有关资料对声韵组合的出现频率以及声母和韵母的出现频率进行了统计,并列出表格。在对外汉语教学中,第三声及其变调的教学是语音教学的重点之一。但过去对第三声及其变调的使用情况众说纷纭，教学中如何处理意见不一。石佩雯和李明通过对17份录音语料的调查和统计分析，发现第三声本调的使用并不像有些人所说的那么少，因此仍主张重视三声本调的教学。她们的论文对三声变调的情况和三声及其变调的使用情况作了详尽的介绍，并理出了一定的规律。"七""八"的变调过去一直是对外汉语语音教学的一项不可缺少的内容。宋孝才、胡翔通过对居住在北京不同地区的不同性别、不同年龄、不同职业、不同文化程度、不同民族的342人的调查，发现北京人不再严格遵守"七""八"的变调规律，多数人倾向于不变调。他们的论文用表格和坐标对有关情况进行了详尽的说明。

在对外汉语教学中，词汇教学是贯彻始终的主要内容之一。随着对外汉语教学事业的发展，针对外国人学习汉语的特点和难点开展的词汇研究取得了相当可观的成果。在关于词汇研究的大量论文中，吴叔平的《量词的主要特征和用途》(《语言教学与研究》第一集，1977)、房玉清的《说"一"》(《语言教学与研究》第二集，1977)、王还的《建国以来汉语词汇的发展变化及其原因》(《语言教学与研究》1982年第3期)、田万湘、许德楠的《虚词研究在留学生汉语教学中的重要性》(《语言教学与研究》1982年第4期)、常宝儒的《现代汉语词汇统计问题的初步研究》(《语言教学与研究》1985年第3期)、李振杰的《近十年汉语中新词新义的产生》(《语言教学与研究》1987年第2期)、王绍新的《谈专名泛化》(《语言教学与研究》1985年第3期)和《谈谈复合词内部的语义构成》(《语言教学与研究》1987年第3期)、刘淑娥、赵静贞的《谈单音词与双音词组成的同义副词》(《语言教学与研究》1987年第3期)等，都是有所发现的代表作。更多的研究成果反映在一大批对外汉语教材和有关的辞书及其他工具书中。80年代以来出版的辞书和其他工具书有：

(1) 宋孝才、马欣华：《北京话词语例释》，(日本)铃木出版社，1982。

(2) 北京语言学院《简明汉英词典》编写组：《简明汉英词典》，商务印书馆，1982。(另有汉法、汉西、汉日、汉德、汉阿拉伯等文本)。

(3)佟慧君:《常用同素反序词辨析》,湖南人民出版社,1983。

(4)王砚农、焦庞颙:《汉语常用动词搭配词典》,外语教学与研究出版社,1984。

(5)北京语言学院语言教学研究所:《汉语词汇的统计与分析》,外语教学与研究出版社,1985。

(6)徐宗才、应俊玲:《惯用语例释》,北京语言学院出版社,1985。

(7)余云霞等:《汉语逆引词典》,商务印书馆,1985。

(8)徐宗才、应俊玲:《常用俗语手册》,北京语言学院出版社,1985。

(9)吕才桢、白玉昆、白林:《现代汉语难词词典》,延边教育出版社,1985。

(10)北京语言学院语言教学研究所:《现代汉语频率词典》,北京语言学院出版社,1986。

(11)宋孝才:《北京话语词汇释》,北京语言学院出版社,1987。

(12)李振杰、白玉昆等:《中国报刊新词语》,华语教学出版社,1987。

语法教学在语言教学中的重要性是不言而喻的。语法问题涉及的范围很广,在教学实践中也是问题最多的一个领域。有些中国人不太注意的语法现象,或者是认为是不成问题的问题,往往是外国人学习的难点,因此必须作为教学的重点。针对外国人学习的特点和难点开展语法研究,最重要的是对有关的语法现象进行更加细致的描写,最好能从句法、语义、语用的不同角度加以解释。教学上的需要推动了研究工作的发展。在对外汉语教学的基础理论研究中,语法研究是历史最长、成果最为丰富的领域之一。除了大量对外汉语教材中的语法解释部分都含有编者结合教学的研究心得以外,广大对外汉语教学工作者在各种刊物上发表的论文数量可观。王还、赵淑华、刘月华、吕文华、程美珍等人的语法论文都很有特色,她们的研究成果不但可以直接应用于对外汉语教学,而且对中国汉语语法学的发展作出了贡献。80年代以来还出版了一批语法专著。主要的专著有:

（1）刘月华、潘文娱、故韡：《实用现代汉语语法》，外语教学与研究出版社，1983。

（2）张维、许德楠：《现代汉语语法》（法文本），外文出版社，1984。

（3）南开大学对外汉语教学中心：《汉语研究》（第一辑），南开大学出版社，1986。

（4）王还：《门外偶得集》，北京语言学院出版社，1987。

（5）李德津、程美珍：《外国人实用汉语语法》（汉英对照），华语教学出版社，1988。

（6）武柏索、许维翰、陶宗侃、阎淑卿：《现代汉语常用格式例解》，商务印书馆，1988。

（7）刘月华：《汉语语法论集》，现代出版社，1989。

其他语言学家的语法论著虽然主要是为中国人写的，但其所揭示的语法规律也适用于对外汉语教学。例如，吕叔湘、朱德熙合著的《语法修辞讲话》、丁声树等的《现代汉语语法讲话》、张志公等的《汉语知识》、吕叔湘的《汉语语法分析问题》、吕叔湘主编的《现代汉语八百词》、胡裕树主编的《现代汉语》（语法部分）、朱德熙的《语法讲义》等，以及吕叔湘、朱德熙、陆俭明、李临定、范继淹、马希文、邢福义、陆丙甫、马真等人的大量论文，都为建立对外汉语教学语法系统或解释有关的语法现象提供了依据。

自从70年代在对外汉语教学中引进了句型教学的方法以来，关于汉语句型的研究也引起了越来越多的重视。除了在刊物上发表了大量论文以外，中国社会科学院语言研究所还于1985年召开了一次"句型和动词学术讨论会"，会后出版了论文集《句型和动词》（语文出版社，1987）。研究句型的专著还有《汉语五百句（现代汉语句型初探）》（林杏光，陕西人民出版社，1980）、《现代汉语句型》（李临定，商务印书馆，1986）、《现代汉语基本句型》（北京语言学院句型研究小组，《世界汉语教学》1989年第1、3、4期连载）等。

要培养学生的口笔头成段表达能力，仅仅靠单句教学是远远不够的，还必须帮助他们掌握句与句之间、段与段之间的联结规则,这就需要开展话语分析研究。长期以来,中国的语法研究一直恪守"句本位"的传统,对超越句子界限的语法研究几乎无人问津。由于没有话语分析研究的基础,对外汉语教学中就只能通过要求学生背诵和复述课文的办法培养学生的成段表达能力。对学生口笔头表达中不属于句法方面的大量错误,教师通常只能指出错误本身,而不能作出规律性的说明。这说明我们的教学还没有完全摆脱"熟读唐诗三百首,不会吟诗也会吟""读书破万卷,下笔如有神"的教学传统。近年来,在国外语言学的影响下,中国语言学界也已开始重视话语分析的研究,并取得了初步的成果。

通过汉语和外语的对比研究,不但可以发现不同语言的共性和各自的个性,更好地揭示汉语的特点和规律,而且可以帮助对外汉语教师预测学生学习的难点,把握教学的重点,解释、分析学生的错误。重视对比研究是中国语言学的优良传统之一。在语法研究方面,中国第一部系统地研究汉语语法的著作《马氏文通》[①]就采用了对比的方法。作者马建忠公开声称"此书系仿葛郎玛而作",书中多处指出希腊文、拉丁文和英文的特点,并拿它们与汉语比较。黎锦熙于1933年出版了《比较文法》[②],其中有现代汉语和古代汉语以及汉语和英语的句法比较。吕叔湘的《中国文法要略》[③]采用了文言和白话对照的形式,不但对古代汉语和现代汉语作了平面的比较,而且注意分析汉语的历史演变,有时还与英语作一些对比,是第一部把共时研究和历时研究结合起来的著作。作者在该书"例言"中专门谈到了对比研究的必要性,指出:"要明白一种语文的文法,只有应用比较的方法。拿文言词句和文言词句比较,拿白话词句和白话词句比较,这是一种比较。文言里一句话,白话里怎么说;白话里一句话,文

---

① 马建忠.马氏文通.上海:商务印书馆,1898.
② 黎锦熙.比较文法.北平:著者书店,1933.
③ 吕叔湘.中国文法要略.重庆:商务印书馆,1942.

言里怎么说,这又是一种比较。一句中国话,翻译成英文怎么样;一句英语,中国话里如何表达,这又是一种比较。只有比较才能看出各种语文表现法的共同之点和特殊之点。"王力的《中国现代语法》[①]和《中国语法理论》[②]也采用了对比的方法。《中国语法理论》主要是拿汉语与西方语言特别是英语比较,指出汉语与西方语言的异同,也间或拿现代汉语与古代汉语比较。《中国现代语法》中则有普通话与方言的比较。作者在《中国语法理论》"导言"里指出:"一切语法上的规律,对于本国人,至多只是'习而不察'的,并不是尚待学习的。但是,我们并不因为它们容易就略而不谈。我们的书虽不是为外国人而著,却不妨像教外国人似的,详谈本国的语法规律。譬如有某一点,本国人觉得平平无奇的,而外国人读了,觉得是很特别的,那么,正是极值得叙述的地方。甲族语所有而乙族语所无的语法事实,正是族语的大特征"。50年代以后,汉语和外语的对比研究一度被忽视。从70年代后期开始,随着对外汉语教学事业的恢复与发展,在王力、吕叔湘、王还等老一辈语言学家的倡导下,汉外对比研究首先在对外汉语教学界受到高度重视。仅根据对前述几种主要的专业杂志和论文选的统计,1977年以来发表的论文已达70多篇,内容涉及对比理论、语音对比、词汇对比、语法对比等各个方面,对比语言包括英、德、意、罗、西、法、俄、阿拉伯、豪萨、斯瓦希里、日、朝、越、柬等十多个语种。由于这些论文的作者多半是对外汉语教师,所以大多数论文都能结合对外汉语教学的实际,这是这一时期汉外对比研究的一大特点。吕叔湘的《通过对比研究语法》(《语言教学与研究》第二集,1977)、王还的多篇论文(见《门外偶得集》,北京语言学院出版社,1987)、赵世开的《英汉疑问代词的对比研究》(《语言教学与研究》1980年第4期)和《英汉对比中微观与宏观的研究》(《对外汉语教学》1985年第2期)、朱川的《汉日语音对比实验研

[①] 王力.中国现代语法.上海:商务印书馆,1950.
[②] 王力.中国语法理论.上海:商务印书馆,1951.

究》(《语言教学与研究》1981年第2、4期)、王振昆的《比较语言学初探》(《汉语研究》第一辑)、于树华的《谈语言对比在对外汉语教材编写中的运用》(《语言教学与研究》1989年第4期)等都有一定的理论深度和实践意义。1977年以来在对外汉语教学专业杂志上发表3篇以上汉外语言对比研究论文的作者还有:熊文华(汉英5篇)、赵永新(汉英5篇)、万惠洲(汉英4篇)、程棠(汉法3篇)、毛意忠(汉法3篇)等。

分析学生常犯的语法错误,对语法研究和语法教学也有启发作用。学习者常犯错误的地方,都是学习的难点,并且能部分地反映汉语和学生母语的区别以及学习和习得汉语的情况。进行错误分析不但要有明确的目的,而且要有一定的语言学和心理学理论的指导。我们在这方面的研究目前还处于搜集和整理资料的阶段。佟慧君的《外国人学汉语病句分析》(北京语言学院出版社,1986)从母语为英、法、德、日、西、朝、越等语种的来华留学生的习作中搜集病句两千多句,分词和句子两大部分分别编排,对每一个病句都给出相应的正确的句子,并针对错误加以解释、说明。病句是由北京语言学院来华留学生一系部分教师共同收集的。此书可作为有一定汉语水平的学生的学习参考书,对汉语词汇和语法研究以及汉外语汇和语法对比研究也有一定的参考价值。

2. 关于语言学习理论的研究。

语言学习理论研究的任务是揭示语言学习的客观规律,特别是语言习得规律。从事语言教学必须遵循语言学习规律,如果不了解"怎样学",也就不可能真正了解应当"怎样教"。正因为如此,我们认为,对语言教学理论来说,语言学习理论也属于基础理论。

在国内外,把语言学习作为一门科学来进行专门研究的历史还不算太长,研究方法仍处于探索的过程中。语言学习是一种极其复杂的活动,要揭示其规律,需要依靠许多学科的理论,并且要研究多种变因,所以是一项极其艰巨的任务。H. Wode 在《第二语言学习》(*Learning a Second Language*, 1982)中指出:"当前还没有一种关于人脑功能的神经生理学模式,还没有一种语言学理论,还没有一种心理学的学习学说——不管是行为主义的、认知的还是其他的——能适合描写我们凭经验观察到的人类学习语言的现象。所以关于语言习得研究的现状向发展心理学、大脑研究、语言教学、语言学理论探索提出了挑战。"Jack C. Richards 在 *The Context of Language Teaching*(1985)一书中指出:"因为(第二语言习得)这个领域是如此广阔,近十年来的研究工作可以说仍是零碎的。"(以上转引自孙德坤译文手稿《错误分析、中介语和第二语言习得研究:述评》)。

在对外汉语教学中,我们过去研究的重点实际上只是"怎样教",而对"怎样学"的研究重视不够,这就使"怎样教"的研究受到了限制,并且缺少可靠的理论依据。许多论文虽然也附带或专门谈到语言学习规律方面的问题,但是提出的论点往往是凭经验得出的结论,或者是对国外的心理学或心理语言学著作中有关观点的引述。从准备第一手材料着手,专门开展科学研究的可以说寥寥无几。在我们看到的少量论文中,值得称道的是鲁健骥的《中介语理论与外国人学习汉语的语音偏误分析》(《语言教学与研究》1984 年第 3 期)、田士琪、梅立崇、韩红的《从第二语言习得规律看教学方法的改进》(《世界汉语教学》1987 年第 2 期)以及鲁健骥的《外国人学习汉语的词语偏误分析》(《语言教学与研究》1987 年第 4 期)3 篇论文。

在国外,在错误分析(error analysis)和语言对比研究的基础上发展起来的"中介语"(interlanguage)研究已成了第二语言习得研究的重要内容之一。60 年代末以前,跟"听说法"有关的错误分析和语言对比研究是建立在结构主义语言学和行为主义心理学的理论基础之上的。结构主义语言学和行为主义心理学认为,学生在第二语言学习过程中出现错误是由于母语的干扰(负迁移),因此只要通过语言对比研究找出学生的母语和目的语之间的差异,就可以预测学生的难点和可能出现的错误,对已经出现的错误也可以用对比的方法加以解释和分析。后来随着乔姆斯基理论的出现和认知心理学的重新抬头,60年代末提出了"中介语"理论。这种理论认为:第二语言学习者有一种特定的语言系统,这种语言系统在语音、词汇、语法、文化、交际等方面既不同于自己的母语,也不同于目的语,而是一种随着学习的发展逐渐向目的语的正确形式靠拢的动态的语言系统。由于这是一种介乎母语和目的语之间的语言系统,所以称之为"中介语"。中介语研究的部分结果初步证明:学生在第二语言学习过程中出现错误除了是因为母语的干扰以外,还有其他许多方面的原因;学生习得第二语言的语法结构有特定的阶段性,这种特定的阶段性与以这种语言为母语的儿童习得母语的阶段性相似;这种阶段性并不因学生母语的不同而不同,但是操不同母语的人通过某一特定阶段所需时间的长短不一。中介语理论考虑语言学习和语言教学的多种变因,以语言习得研究为中心,把语言对比、错误分析、比较文化研究和语言习得研究有机地结合起来,试图建立一种语言学习者的动态的语言系统,这对沟通语言学、心理学、比较文化理论和语言教学之间的联系,对发展语言学习理论和语言教学理论(包括测试理论)有极其重要的意义,因此是一种很有发展前途的理论。

在中国对外汉语教学界,鲁健骥的《中介语理论与外国人学习汉语的语音偏误分析》首次对中介语理论作了扼要的介绍,并运用这一理论对外国人学习汉语时的语音偏误(error)进行了分析。该文认为,产生语音偏误的主要原因有三点:一是母语的负迁移,二是目的语知识的负迁移,三是由于教材或课堂教学中解释不够严密,或该讲而没有讲,或训练方式不当。文中以大量例证对上述论点进行了充分的论述。

鲁健骥的另一篇论文《外国人学习汉语的词语偏误分析》认为:"在学习汉语的外国人的中介语系统中,词汇偏误是大量的,而且是几乎随着学习的开始就发生的。随着词汇量的增加,发生的词语偏误也越来越多。""根据中介语理论,产生偏误的原因包括:本族语、本族文化对目的语学习的干扰,已掌握的目的语知识对学习新的目的语知识的干扰,学习态度,教学中的讲解和训练中的失误等。"该文重点分析了本族语、本族文化的干扰和教学上的失误。本族语、本族文化的干扰大致是在下面几种情况下发生的：目的语的词与母语的词在意义上互有交叉；两种语言中对应词的搭配关系不同；两种语言中意义上有对应关系的词语，用法不同；两种语言中的对应词语，在感情色彩、语体色彩、使用场合等方面有差别。教学上的失误包括课堂教学和教材两个方面的问题，具体表现为：简单化地或生硬地对应；堆砌"对应词"，使学生无所适从，只能造成理解上的混乱和使用上的偏误；释义烦琐，使学生摸不着头脑。

上述两篇论文的主要价值是：首次引进了中介语理论，并首次用中介语理论对外国人汉语学习过程中的语音和词语方面的错误进行了初步的分析，标志着中国中介语理论研究的开端，在对外汉语教学中开辟了一个新的研究领域，对进一步开展语言学习理论的研究有重要意义。

田士琪等的论文主要是通过让学生写演讲稿并进行宣读的办法，结合平时的观察，对同一个班学完《基础汉语课本》1—4册的7名学生的汉语习得情况进行了分析。得出的结论可以归结如下：

(1) 语法项目的难易程度不同。

连动句、兼语句学生感到很容易，课上便能理解和掌握，运用时基本上不出错。参加演讲的7人中，连动句共运用49次，对46次，正确率为93.9%；兼语句共运用12次，对12次，正确率为100%。动态助词"了"和"着"、语气助词"了""把"字句、复合趋向补语及其引申用法，学生普遍感到困难，掌握起来很慢，课堂上不能完全理解，须经半年乃至更长时间，通过多种形式的语言实践，才能逐渐理解，并学会运用，运用时还常常出错。动态助词"了"7人共运用50次，对39次，正确率为78%；动态助词"着"共运用10次，对8次，正确率为80%；语气助词"了"共运用39次，对28次，正确率为71.8%；"把"字句难度较大，学生尽量回避使用；结果补语和复杂定语学生初学时困难虽大，但是经过半年左右的学习，就掌握得较好；结果补语7人共运用29次，对28次，正确率为96.6%；复杂定语共运用35次,对33次,正确率为94.3%。

(2) 语法项目的难易程度是由学生母语的状况和汉语本身的复杂程度这两个因素所决定的。

凡是学生母语中有对应形式的那些汉语语法规则,由于正迁移作用,学生就感到容易;凡是没有对应形式的,由于负迁移作用,学生就感到困难。连动句、兼语句意义容易理解,形式较简单,英语、法语中都有近似对应的表达形式,所以学生感到容易。"了""着"和复合趋向补语的引申用法,意义难以理解,"把"字句形式复杂,意义也难以理解,加之它们在英语、法语中没有对应的形式,所以掌握起来困难。复杂定语的位置虽然跟英语、法语有所不同,但容易理解,形式上也不算太复杂,所以经过一段时间的学习就可以掌握。

(3) 学生对语言的掌握跟学习态度和学习策略有关。

他们具体分析了三类学生的学习情况。第一类,平时除了认真学习课本上的语言知识(语言规则)之外,还重视语言实践,常用汉语跟中国人交谈,看中国电影、电视,听中文广播。他们的演讲内容充实,所用语言材料不少来自平时参加各种语言实践活动的积累,朗读讲稿时语调自然,有逻辑重音,语法错误较少。平时说、写时也注意自我纠正,所以运用语言的正确率较高。第二类,对课堂上语言规则的学习和操练不感兴趣,课外的时间多用于自己的专业学习,与中国人交往不多,用汉语进行交际极少,不常看中国电影,也不常听中国广播。他们的口头表达能力极差,朗读没有逻辑重音,语调也不自然。第三类,认为汉语课本内容枯燥,轻视语言规则的学习,喜欢参加汉语实际交际活动,经常跟中国人交往,常利用节假日在中国旅游。他们的演讲内容充实,题材新颖,朗读有逻辑重音,语调较自然。但是讲稿中语法错误率较高,平时说、写也不太注意自我纠正,所以运用语言的正确率较低。

上述研究虽然是初步的,研究的内容也是局部的,但作为语言习得规律研究的方法之一,不失为一种有意义的开端。以一定的理论为指导,从调查研究着手,把重点调查和平时观察结合起来,把客观数据和主观经验结合起来,把教和学的情况综合起来,这种研究方法有一定的启发作用。论文中还针对教学上存在的问题提出了改进的办法,这些办法也是可行的。

吕必松在《加强对外汉语教学的理论研究》(《语言教学与研究》1988年第4期)一文中谈到:"现在比较普遍的看法是,第二语言教学和外语教学的效率和成功率很不理想,其根本原因就在于还没有真正找到或者说还没有完全找到语言学习的客观规律,我认为,这种看法也适用于我们的对外汉语教学。"也就是说,对外国人学习汉语的规律我们也不甚了解。要进一步提高对外汉语教学和对外汉语教材的质量,在语言学习规律方面有一系列的问题要进一步探明。例如:

1) 理解、模仿、记忆在语言习得中各有什么作用?它们的相互关系和先后顺序是怎样的?

2) 在什么条件下才能取得理解、模仿和记忆的最佳效果?

3) 听觉和视觉在语言习得中各有什么作用?

4) 听觉和视觉是同时使用效果更佳,还是分别使用效果更佳,还是因人而异?

5) 通过听和读的输入练习跟通过说和写的输出练习在语言习得中各有什么作用?

6) 听和读的输入练习跟说和写的输出练习是同步进行效果更佳,还是等输入练习积累到一定的程度和积累到什么程度再进行输出练习效果更佳?

7) 听和读的输入练习是同步进行效果更佳,还是有先有后和孰先孰后效果更佳?同样,说和写的输出练习是同步进行效果更佳,还是有先有后和孰先孰后效果更佳?

8) 在什么条件下进行输入练习和输出练习更有利于语言习得?

9) 对各种语言现象的习得顺序是什么?

10) 在语言学习的过程中引起错误的原因有哪些?只有具备了哪些条件才有能力自觉改正错误?

11) 只有具备了哪些条件才能根据交际的需要正确地造出新的句子?

12) 学生的母语、原有文化习俗和文化知识在语言学习和语言习得中起什么样的作用?

以上都是教学实践和教学理论研究工作向我们提出的实际问题。这些问题虽然不成系统,也不能完全概括语言学习理论研究的全部内容,但从中至少可以看到,影响语言学习的变因是很多的。变因越多,研究工作的困难越大。因为要涉及人体的主观因素,特别是大脑的作用,研究工作就更加艰巨。要揭示语言学习的客观规律,必须开展多角度的、跨学科的、大规模的综合研究。这类研究对揭示语言学习的奥秘有决定性的意义,对揭示人类大脑的奥秘也有重要意义,并且能带动语言学、心理学、社会学、比较文化以及语言教学理论和教学方法的研究,所以在语言教学基础理论研究中应处于中心地位。开展这方面的研究,最重要、最困难的工作是设计出可行的研究程序和研究方法。

3. 关于比较文化理论的研究。

因为语言和文化是分不开的,所以有些汉外语言对比的论文中以及其他有关的论文中,也常常谈到中外文化差异。在对外汉语教学界,从文化差异的角度研究语言,专文论述或在有关论文中着重论述语言和语言使用中的文化差异,是从 70 年代末、80 年代初开始的。笔者看到的这方面的论文有:熊文华、朱文俊的《汉英语言学习的社会因素》(《语言教学与研究》1980 年第 2 期)、张占一的《汉语个别教学及其教材》(《语言教学与研究》1984 年第 3 期)、毕继万的《中国文化介绍在对外汉语教学中的作用》(《第一届国际汉语教学讨论会论文选》)、复旦大学留学生部汉语教研室的《语言教学与文化背景知识的相关性》(《语言教学与研究》1987 年第 2 期)、胡明扬的《问候语的文化心理背景》(《世界汉语教学》预刊第 2 期,

1987)、吕炳洪的《汉英修辞中的文化因素漫笔》(《世界汉语教学》1987年第1期)、于丛扬的《文化与报刊语言教学》(《第二届国际汉语教学讨论会论文选》)、毕继万的《中外思维方式的对比在外国人汉语教学中的作用》(美国《中国语文教师学会学报》1989年第1期)、赵贤州的《文化差异与文化导入论略》(《语言教学与研究》1989年第1期)和《第二语言教学与社会文化》(《中国对外汉语教学学会第三次学术讨论会论文选》)、李铭建的《中国文化介绍的取向》(同上)等。

迄今为止,"文化"还是一个内涵不太确定的概念。人们可以给它下出各种不同的定义,也可以从不同的角度把它分为不同的类别。从语言教学的角度考虑,我们最关心的是跟语言学习和交际有关的文化因素,所谓"比较文化",也只能就跟语言学习和交际有关的文化因素进行比较。当然,哪些文化因素跟语言学习和交际有关,也还是个值得讨论的问题。

张占一在《汉语个别教学及其教材》一文中首次提出了"交际文化"的概念。他认为:"语言教学(尤其初级阶段)中的文化内容应分为两种——知识文化(cultural knowledge information)和交际文化(cultural communication information)。所谓知识文化,指的是两种不同文化背景培养出来的人进行交际时,对某词、某句的理解和使用不产生直接影响的文化背景知识。双方或一方不会因为缺乏这种文化知识而产生误解。所谓交际文化,指的是两种不同文化背景熏陶下的人,在交际时,由于缺乏有关某词、某句的文化背景知识而产生误解。这种直接影响交际的文化知识就属于交际文化。学生不懂某些知识文化固然不好,但不会造成误解。如果不懂交际文化就会直接影响交际效果,引起误解,或出现问题。"

有些论文对跟语言学习和交际有关的文化背景知识的具体范围发表了自己的见解。在《语言教学与文化背景知识的相关性》一文中,陈光磊认为与对外汉语教学相关的文化背景知识的大致范围是:贯穿在日常社会生活和交际中的风俗习惯形成的"习俗文化",如礼貌表示、称呼、问候语等;由思维方式形成的,如中国人的思维方式有从大到小的特点等;民族心理表现于文化的,如含蓄婉转的措辞、谦卑辞让的用语和对集体、个人、家庭的观念、性格气质的表现等;文化的历史发展和遗产的积累所造成的,如"月老""红娘""媒人""介绍人"等语词有意义上的一致性,但各自的语义容量及修辞色彩并不相同,这种不同是由文化的遗存与发展所造成的;"汉字文化",即造字和用字的心理,于丛扬在《文化与报刊语言教学》一文中从报刊语言教学的角度归结了"具有浓重文化色彩的词语"的范围,包括:成语典故、警句格言;新词语;习惯说法;非等值词和不完全等值词;简称、缩略语、命令句、套话。赵贤州在《文化差异和文化导入论略》(《语言教学与研究》1989年第1期)一文中把"交际文化"的内容概括为十二个方面,即:因社会文化背景不同而产生的无法对译的词语;因社会文化背景不同而产生的某些层面意义有差别的词语;因社会文化背景不同而产生的词语使用场合的特异性;因社会文化背景不同而产生的词义褒贬不同;因社会文化背景不同而产生的潜在观念差异;语言信息因文化背景不同而产生的差异;含有民族特殊文化传统信息的词语;成语典故、名言名句等;词语中反映的习俗文化信息;有特定文化背景意义的词语;不同文化背景造成的语言结构差异;其他因价值观念、心理因素、社会习俗等所造成的文化差异。

所谓"交际文化",我们也可以理解为隐含在语言系统中的反映一个民族的价值观念、是非标准、社会习俗、心理状态、思维方式等跟语言理解和语言使用密切相关的一种特殊的文化因素。这种文化因素因为是隐含着的,所以本族人往往"习而不察",只有通过不同语言和文化的对比研究才能发现其特征并揭示出不同民族文化的差异规律。这方面的研究任务是相当艰巨的,当前需要首先从具体问题着手进行有系统的研究,逐渐积累,才能归纳出全面的系统。

胡明扬的《问候语的文化心理背景》(《世界汉语教学》1987年第2期)对汉语的"见面用语"和"分手用语"的模式,分"家常语体""社交语体"和"典雅语体",进行了较为全面、系统的对比,并对汉语和英语问候语的文化心理差异进行了中肯的论述。这篇论文的意义不仅在于研究的结果有理论和实用价值，而且在选题的角度和研究方法上提供了启示，是从具体问题着手进行系统研究的一个范例。

毕继万的《中外思维方式的对比在外国人汉语教学中的作用》[《中文教师学会学报》(美)1989年第1期]对中国人和西方人思维方式的差异进行了对比研究，认为主要的区别表现在：从大到小和从小到大；概括综合和具体分析；整体有序和个体独立；含蓄婉转和坦率直爽；垂直思维与水平思维；自我中心与群体依存。这一研究虽然是初步的，但不失为良好的开端，至少可以为继续研究打开思路。

从上面的介绍可以看出，我们的比较文化研究只能算是刚刚起步。在研究的范围和内容上还没有取得一致的意见，即使在一些一致的方面，也还需要从具体问题着手进行定量方面的研究，工程浩大，作为一种基础理论，只有本身形成系统，才能融会到语言教学的教学内容和教学方法的系统中去，现有的研究成果还远远不能满足对外汉语教学的需要。在系统的理论形成之前，在对外汉语教学中对文化背景知识只能作些零星介绍。

要发展对外汉语教学的教学理论和提高教学质量，关键在于加强基础理论研究。没有一定的基础理论作为依据，教学理论必然是空泛的、没有说服力的，这样，教学本身就难以发展，教学质量也难以提高，我们当前的任务是：一方面，要把基础理论研究的成果及时吸收到教学理论和应用到教学实践中去；另一方面，要根据教学实践和教学理论提出的问题，积极开展基础理论的研究。从发展趋势看，对外汉语教学的基础理论研究可望在今后若干年内取得更大的进展。这主要是因为：

(1) 语言理论、语言学习理论和比较文化理论的研究已全面展开，并且打下了不同程度的基础。

(2) 一批重大项目，如北京口语调查、计算机辅助汉语教学及其所用汉语规范之研究、以英语为母语的外国留学生基础阶段汉语语法习得研究等,正加紧进行。另有一批重大项目正在酝酿之中。

（3）已经形成了教学理论研究、教学基本建设和基础理论研究同步发展、互相促进的布局。过去,根据教学发展的需要开展的汉语词汇的统计与分析研究、汉语句型的统计与分析研究以及词汇和语法方面的其他研究,为制订汉语水平等级标准和等级大纲、汉语水平考试大纲和对外汉语教学语法纲要提供了语言学基础,上述大纲或纲要肯定会在总体设计、教材编写、课堂教学、汉语水平考试和成绩测试中发挥作用。这些新的研究项目,将为发展教学理论和发展、完善上述大纲和纲要提供更全面、更坚实的理论基础。

（4）已经形成了一支既有教学经验又有研究能力的队伍。只要充分发挥各类人员的才干,他们就可以在理论和实践两个方面作出更大的贡献。

（5）如无特殊情况,科研经费可得到基本保证。

我们盼望着中国的对外汉语教学事业更加兴旺发达,盼望着对外汉语教学学科尽快走向成熟,并将为此作出更多的努力。

1990年2月于北京

后 记

这本小册子是1989年9月开始撰写的。写作过程中遇到的主要问题是：

1. 从什么角度叙述这一段历史？

"对外汉语教学"实际上是一个综合概念，它至少包括三个意思：是指一项事业，是指一种业务，是指一门学科。这几个方面的内容虽然互有交叉，但它们各有自己的特点和发展规律，它们的发展阶段在时间上也不是一一对应的。为了让人们更好地了解对外汉语教学，经再三斟酌，还是决定把三个问题分开来，从三个不同的角度研究这一段历史的发展。因此而带来的问题是：由于这三部分的内容互有交叉，在行文上就难以完全避免重复。

2. 以什么标准划分教学法发展的阶段？

作为一种语言教学，在教学业务领域内研究的重点是教学法。近40年来，对外汉语教学法有了很大的发展，但是很难找到一个单一的标准或明显的里程碑来划分教学法发展的阶段。本书把近40年来对外汉语教学法的发展分为4个阶段，采用的是综合标准，即：如何处理语言知识的传授和语言技能的训练的关系；如何处理目的语跟学生的母语和媒介语的关系；如何处理听说训练和读写训练以及听和说、读和写的训练的关系；如何处理语言的结构、意义和功能的关系；如何处理语言和文化的关系。如果在某几个方面发生了明显的、具有普遍意义的变化，就意味着进入了一个新的发展阶段。本书尽可能对各个阶段教学法发展的情况作出具体描写，而不以冠有某种名称的教学法作为一个发展阶段的标志。笔者认为,至少到目前为止,并不存在什么统一的所谓"中国对外汉语教学法"。

3. 什么是对外汉语教学的学科理论?

关于语言教学和对外汉语教学的理论研究的范围,国内外都有不少论述,但是笔者认为,到目前为止的各种论述是不能完全令人满意的。本书把对外汉语教学的学科理论分为教学理论和基础理论两个方面,基础理论又包括语言理论、语言学习理论和比较文化理论(实际上是指"交际文化"理论)。这是对业已存在的对外汉语教学学科理论研究内容的概括。这样确定对外汉语教学学科理论的范围可能更符合实际,也更有利于这一学科的学科理论的全面发展。

4. 如何处理好客观与主观的关系?

作为一部研究历史的著作,应尽量做到客观,这是笔者撰写本书的基本指导思想之一,也是努力贯彻的一条重要原则。一是对不同的理论主张一般不作褒贬,不充当论战者的角色;二是引用的材料尽量照顾不同的方面。但笔者始终有两点担心:一是在这一历史时期的大部分时间内,笔者是参与者之一,即使指导思想上要做到客观,但在重点的确定、材料的选择、对问题的分析等方面总会有个人的见解,这就难以避免主观色彩。二是由于时间的限制,笔者搜集材料还不够全面,研究得也不够透彻,这就难免对自己熟悉的部分写得较多,对不熟悉的部分写得较少。这些都是要请读者多加批评的。

最后,这期间除了本书以外,笔者还撰写了几篇急需的稿件,内容与本书都互有交叉,有的实际上是从本书已经写成的一部分当中节选修改而成的。因为在写作过程中要互相参照,在材料的组织和论述上常有顾此失彼之感,在同一篇东西中有可能留下不够协调的痕迹。此外,由于本书不是一气呵成,在语气上也可能有前后不一致的情况。

本书当然还有许多其他方面的缺点、错误,如能得到读者的批评,或能推动这一领域的进一步研究,就算实现了笔者抛砖引玉的愿望。

本书在写作和校对过程中得到了于丛扬副教授的许多帮助,张清常教授在百忙中为本书写序,特向他们表示衷心的感谢。

作者

1990 年 2 月 14 日

参考文献

付克.中国外语教育史[M].上海:上海外语教育出版社,1986:3.

洪材章.确立留学生汉语教学的两段体制[J].对外汉语教学,1984(3).

李传槐.对外汉语教学总体规划、课程设置及教材编写的初步设想[A].对外汉语教学研究会第二次学术讨论会论文选[C].北京语言学院出版社,1987.

李培元.五六十年代对外汉语教学的主要特点[A].第二届国际汉语教学讨论会论文选[C].北京语言学院出版社,1988.

李忆民.试论中级汉语教学——兼析《中级汉语教程》[J].语言教学与研究,1988(2).

刘镰力等.关于《中级汉语教程》的编写[A].对外汉语教学研究会第二次学术讨论会论文选[C].北京:北京语言学院出版社,1987.

卢晓逸,张亚军.浅谈外国人短期汉语教学[A].对外汉语教学论文选[C].中国教育学会对外汉语教学研究会,1983.

鲁健骥.基础汉语教学的一次新的尝试——教学试验报告[A].对外汉语教学论文选[C].中国教育学会对外汉语教学研究会,1983.

吕必松.汉语作为外语教学的实践性原则[J].语言教学与研究(试刊),1977a.

吕必松.谈谈基础汉语教学中的几个关系[J].语言教学与研究(试刊),1977b.

吕必松.对外汉语教学发展概要(第三次印刷)[M].北京:北京语言大学出版社,2006.

毛文.关于编写中高级汉语教材的原则[A].对外汉语教学研究会第二次学术讨论会论文选[C].北京:北京语言学院出版社,1987.

任远.语言学院六十年代对外汉语教学法的回顾[J].对外汉语教学,1984(3).

任远.基础汉语教材纵横谈[J].语言教学与研究,1985(2).

施光亨,李明.文学作品与中高级汉语教材[A].第二届国际汉语教学讨论会论文选[C].北京:北京语言学院出版社,1988.

王振昆,贾甫田.关于二年制进修班课程设置和教材编写的设想[A].对外汉语教学研究会第二次学术讨论会论文选[C].北京:北京语言学院出版社,1987.

吴勇毅,徐子亮.建国以来我国对外汉语教学法研究述评[A].对外汉语教学研究会第二次学术讨论会论文选[C].北京:北京语言学院出版社,1987.

张占一.汉语个别教学及其教材[J].语言教学与研究,1984(3).

赵金铭.近十年对外汉语教学研究评述[J].语言教学与研究,1989(1).

赵贤州.建国以来对外汉语教材研究报告[A].第二届国际汉语教学讨论会论文选[C].北京:北京语言学院出版社,1988.

钟梫.十五年汉语教学总结[J].语言教学与研究(试刊),1979(4).

周祖谟.教非汉族学生学习汉语的一些问题[J].中国语文,1953(7).